¿Dónde está Dios
cuando más lo necesito?

La perspectiva divina de nuestros problemas

Gloria Nieto de Vázquez

La misión de Editorial Vida es ser la compañía líder en satisfacer las necesidades de las personas con recursos cuyo contenido glorifique al Señor Jesucristo y promueva principios bíblicos.

¿DÓNDE ESTÁ DIOS CUANDO MÁS LO NECESITO?
Edición en español publicada por
Editorial Vida – 2013
Miami, Florida
Edición revisada

Este título también está disponible en formato electrónico.

Editora en Jefe: Graciela Lelli
Edición: *Eugenio Orellana*
Diseño interior: *Grupo Nivel Uno, Inc.*

ISBN: 978-0-8297-6336-2

CATEGORÍA: Vida cristiana / Crecimiento espiritual

IMPRESO EN ESTADOS UNIDOS DE AMÉRICA
PRINTED IN UNITED STATES OF AMERICA

13 14 15 16 17 ❖ 6 5 4 3 2 1

Contenido

PRÓLOGO

Erick y Gloria, joven matrimonio entregado al Señor y con un sólido ministerio que abarca acerca de ochocientos jóvenes, sufrieron la terrible prueba de ver marchitarse y morir a una hija, víctima de una enfermedad incurable: la lipidosis; hija que solo alcanzó a vivir tres años. En aquel entonces, los médicos y especialistas les dijeron que si tenían otro hijo, había un veinticinco por ciento de probabilidad de que sufriera el mismo mal.

¿Por qué, con esa advertencia, decidieron tener otro hijo?

Este es el relato de Ericka, la segunda hija de Erick y Gloria Vázquez. Al igual que su hermana, Ericka padeció de este raro y devastador mal que mata lentamente y para el cual la ciencia moderna no conoce remedio. Los terribles momentos pasados, la angustia, las dudas y la esperanza a los que fueron sometidos estos jóvenes padres ya fueron descritos de alguna manera en el libro *Los caminos altos*, de esta misma casa editorial.

¿Es este libro una reiteración de aquellos momentos? No. Definitivamente no lo es. Aunque se trata de la misma enfermedad, del insoportable e idéntico dolor de perder a un hijo, este testimonio no es una continuación del primer libro, como tampoco es una presentación de los mismos personajes. Como muchos seguidores de Jesús, Erick y Gloria cambiaron y atravesaron esta senda que se llama vida siempre llena de sorpresas —agradables y desagradables— en pos de la ansiada meta que solo se consigue con perseverancia y con mucha fe.

Si usted volviera a pasar una prueba tan desgarradora como es la de ver cómo se consume la vida de un hijo, ¿reaccionaría igual que hace años? ¿Le quedarían fe y fuerzas para enfrentarla? Si en aquel entonces vencí la prueba —bueno, por lo menos así me pareció—, ¿por qué debo pasar otra vez por esto? ¿He crecido espiritualmente de verdad? ¿He madurado?

Los que leyeron el primer libro encontrarán un punto de vista diferente del mismo problema. Las personas que abran estas páginas por primera vez, tal vez encuentren respuestas a muchas preguntas. Tal vez no se sientan solas. Quizá comprueben que están haciendo lo que se debe. En este libro no hay teoría. Todo es dolorosamente cierto.

1

Un sitio disponible

Ya habíamos discutido, Erick y yo, la posibilidad de adoptar un niño. Erick no se mostraba ni convencido ni ani-
mado. No había pasado mucho tiempo del fallecimiento de
Paola, cuando ya nos habían ofrecido dos bebés al mismo
tiempo. Ante tal ofrecimiento, a mí se me iluminaron el rostro y el corazón de alegría. Imagínese, ¡dos hijos! Sin embargo, Erick se mostraba reticente. Quería decir sí, y yo sabía en
lo profundo de mi corazón que aceptaría; mas no por él, sino
por mí, para hacerme feliz.

Agradecimos, pero rechazamos el ofrecimiento.

Me moría de ganas de adoptar una criatura. Aunque
hubiese tenido hijos sanos, mi deseo era adoptar. Erick, sin
embargo, nunca pensó en dicha posibilidad, hasta que reco-
noció que era una opción para tener familia. Él no lo decía,
pero era evidente que extrañaba terriblemente, al igual que
yo, a Paola. Quizá, en lo más recóndito de su corazón, alber-
gaba la duda de no poder amar a ese niño adoptado tanto
como amó a Paola.

Oré mucho.

Y no pasaron ni dos semanas cuando se hizo evidente un cambio en Erick. Había comenzado a informarse con detalle sobre los vericuetos que entraña una adopción.

Nos llegó un libro con numerosas direcciones de agencias dedicadas a la adopción en Estados Unidos. Escogimos unas veinte y de inmediato escribimos solicitando información, la cual recibimos rápidamente y en abundancia. Nos enteramos, entre otras cosas, que de acuerdo con la ley del aborto en los Estados Unidos —práctica legal en la mayoría de los estados de la Unión Americana—, no existen suficientes bebés para cubrir la demanda de adopción.

Nuestra solicitud fue rechazada.

Otras agencias, sin asegurar nada, nos enviaron tarifas que iban de los siete mil a los veintiún mil dólares. Otras más nos informaron que si deseábamos «adquirir» un negrito, la tarifa sería más baja y casi exenta de trabas.

Sin comentarios...

Estas agencias, en su mayoría cristianas, nos apagaron los deseos de seguir escribiendo para solicitar más información. Nos habíamos imaginado que en los Estados Unidos era más fácil hacer este proceso, pero no tardamos en darnos cuenta que no era así.

Seguimos orando, pidiéndole al Señor que nuestra decisión fuera de acuerdo a su voluntad y no a la nuestra. Que si estábamos equivocados, cerrara puertas y así nos mostrara su parecer.

Un día, mi hermana Vivi me presentó a una pareja amiga suya quienes me dijeron de un lugar donde podíamos acudir, recomendados por ellos, a adoptar un bebé. Se trataba del DIF del Estado de México. Con lujo de detalles me explicaron sus experiencias cuando ellos adoptaron a las que ahora son sus hijas. Conforme iba avanzando el relato, me fui emocionando. Quizá ese era el camino adecuado y correcto que debíamos tomar. Todo era bajo el amparo de la ley, con papeles y actas oficiales, cosa que me llenó de paz. Nos dijeron con quién ir, qué papeles llevar y toda una serie de valiosas recomendaciones.

No tardamos en reunir todos los documentos solicitados e iniciar los trámites para la adopción. Por razones que desconozco, las leyes del Estado de México, referentes a la demanda de adopción y los trámites a seguir, son diferentes a las de la Ciudad de México. Con agrado constatamos que los trámites eran menos largos y tortuosos. O sea, todo estaba a nuestro favor.

«Ustedes solo pueden escoger sexo y edad. ¿Están de acuerdo?».

Erick y yo intercambiamos una rápida mirada y asentimos. Entonces, el licenciado encargado de atendernos suspiró y comenzó a llenar con rapidez uno de tantos formularios, golpeando sin piedad su máquina de escribir. Yo no quería un recién nacido. Había pasado tres años con pomos de leche y pañales. Sentíamos la necesidad de un bebé mayor, que ya reaccionara y fuese un poco más independiente. Que nos sonriera y nos dijera «papá» y «mamá». En fin, todo lo que no habíamos tenido durante tres años.

El día que nos citaron para ir al albergue temporal y hacernos pruebas sicológicas, el Señor mediante su Palabra, nos dijo: «Bienaventurado el que tú escogieres y atrajeres a ti, para que habite en tus atrios; seremos saciados del bien de tu casa, de tu santo templo» (Salmos 65.4, RVR1960). Sin sacar este versículo del contexto, dice que Dios escoge y atrae hacia sí para habitar bajo sus alas. Sentí el impacto de ese mensaje, llenándome de una rara alegría. Sí, bendito el que tú escogieres.

«Pero Padre» decía, mientras oraba, «no podemos escoger. Es más, ni siquiera nos dejan entrar a ver a los niños. ¿Cómo haremos para...? ¿Y si no podemos...?».

Como si Dios no supiera. *¡Ay, Gloria!*, pensé, y casi de inmediato recapacité. Es cierto, las reglas humanas prohíben esto y aquello, pero volviendo a releer el salmo, terminé por musitar: *Señor, si esto es de ti, se hará y escogeremos a quien tú nos muestres.*

Llegamos al albergue. Luchando contra mi incredulidad me acerqué a una señorita y le pregunté si era posible entrar a mirar las cunas. Mis oídos estaban esperando escuchar un «*no*» rotundo.

«Por supuesto que sí, pasen», contestó despreocupadamente, señalándonos con un gesto, como la cosa más normal, por dónde ir. Erick solo volteó a mirarme y juntos penetramos a ese mundo que nada más habíamos visto en las películas.

Había muchísimas criaturas como de un año. Al vernos, todos estos bebés comenzaron a hacernos señas para que les levantáramos todos los juguetes tirados al pie de sus cunas. ¿Cuántos bebés serían? ¿Diez, quince? No bien hubimos levantado el primer juguete, cuando se alzó un murmullo de emoción entre las demás criaturas que reclamaban también sus muñequitos, cosa que hicimos mientras los íbamos mirando atentamente. Todos muy aseados y con obvios cuidados, sin embargo, en sus rostros mostraban las huellas del abandono y de la tristeza. Un nudo se me empezó a formar en la garganta. El lugar olía a tristeza. Algunos lloraban, otros se aferraban a una cobijita a falta de un abrazo materno, o languidecían en sus lechos sosegados por alguna enfermedad. Aclaro que el lugar ni estaba ni sucio ni invitaba a la depresión. Lejos estaba de los orfanatos descritos por Charles Dickens, donde reinaban la mugre, el maltrato y la promiscuidad.

Mientras recorría las cunas, mentalmente me preguntaba: ¿Cuál de estas criaturas se podrá parecer a nosotros? Erick, mientras tanto, se había detenido en un corralito donde una pequeña estaba cubierta de pies a cabeza del hule espuma arrancado al colchón. Erick la miraba fijamente. A pesar de su corta edad, su expresión mostraba una dureza y desconfianza extraordinarias. Esto impresionó vivamente a Erick. ¿Cómo era posible que a tan corta edad esa criatura pudiera mostrar ese gesto fiero y a la vez herido? Mientras intentaba acariciarla, Erick comentó: «¡Cómo me gustaría cambiarle a esta niña esa expresión de tristeza en gozo!». Aunque no lo dijo, vio en esa niña algo especial. Sin olvidarla, seguimos recorriendo salones. Había niños mayores. Vimos cómo tenían sus clases, sus uniformes, todo lo que conformaba su vida diaria. Al llegar a la sala donde se encontraban las criaturas que comenzaban a caminar, pasamos por una experiencia estremecedora, como nunca hemos vuelto a tener. Al ver que éramos desconocidos, comenzaron a rodearnos, abrazándose a nuestras piernas. Nos gritaban: «ma, pa». Pronto tuvimos como a cinco niños colgados de nuestros brazos o asidos de nuestra ropa. Los que sabían hablar un poco, decían: «Llévame contigo».

Es difícil describir lo que sentimos en ese momento. Con los ojos brillantes por la emoción, los abrazamos y los besamos a todos. Quería llevármelos sin dejar ni uno. Más tarde nos explicaron que no todos los niños estaban esperando ser adoptados. Algunos estarían ahí en tanto sus padres purgaban penas en la cárcel; otros habían venido porque sus padres no los podían mantener y otros más porque sus progenitores, bajo la influencia de algún enervante, los hacían víctimas de salvajes golpizas o abusos. Claro, también se hallaban los abandonados en parques u hospitales. En la mayoría de los casos, al pasar seis meses, los padres perdían la patria potestad si no los reclamaban.

Erick y yo salimos profundamente impresionados.

Cuando la directora del albergue se enteró de nuestro recorrido por las instalaciones, casi sufre un infarto. Quiso averiguar quién nos había permitido el paso. Al verla tan alterada, le explicamos lo mucho que nos había servido la visita, de las cosas valiosas que sabíamos ahora y que de corazón le agradecíamos su comprensión. Esto bajó su furor y aunque no muy convencida, ya no quiso mencionar más el asunto.

Al día siguiente, el albergue estaba lleno de avisos prohibiendo terminantemente el acceso al interior del mismo.

2

Trámites para llenar
un corazón

Después de largas entrevistas nos dieron cita para hacernos exámenes sicológicos. La institución me dejó apabullada por la eficiencia y rapidez con que llevaron nuestro caso. A veces uno piensa que las cosas fuera de nuestro queridísimo país funcionan mejor, pero pronto me di cuenta de que no era así. Tras las atenciones recibidas en el DIF (en la que la mano del Señor estuvo presente), me apené por haber pensado que en México jamás podríamos adoptar.

Nos separaron a Erick y a mí durante los exámenes. De entrada, mi esposo le dijo a la sicóloga que él no creía en tales exámenes que ni siquiera eran de nuestra cultura. Yo casi me desmayo. Quería que todo saliera bien. Con esos comentarios podrían pensar que no estábamos aptos emocionalmente para recibir a una criatura, pero decidí dejar todo en las manos de Dios.

Tras los exámenes, de esos que consisten en dibujos y manchas de tinta y que siempre dejan una sensación de desasosiego por aquello de detectar traumas, complejos o coeficiente intelectual insuficiente, nos informaron que el siguiente paso sería una visita a nuestro hogar de una trabajadora social.

—Perfecto. ¿Y cuándo vendrá? Para estar preparados...

—Eso no se puede decir —respondió la trabajadora sin levantar la mirada de un montón de papeles—, el objetivo es llegar de sorpresa para que no tengan nada preparado y todo sea espontáneo.

—Está bien...

Pasaron varias semanas y nadie se presentó.

La espera fue agobiante. Temía salir justo en el momento en que ellos llegaran y con eso arruinar la visita. Tal vez dejarían pasar otras semanas y mientras tanto estaba arrestada en mi propio domicilio. Cansada de esperar, tomé el teléfono y marqué.

—¿A quién vas a llamar?

—Al DIF, para que me digan qué día piensan venir y a qué hora.

—Gloria —había un amago de paciencia en su voz—, las reglas dicen que eso no es posible.

Y lo mismo dijo la trabajadora social que me contestó, pero insistí, repitiéndole que tenía miedo de no estar cuando se presentara. Tras mucho porfiar, terminó por decirme el día y la hora. ¿Otra regla quebrantada? Sí. Para Dios no hay imposibles y si bien estábamos llevando todas las cosas en orden, ahora más que nunca la ayuda del Señor se hacía evidente.

No más llegando y en silencio, la trabajadora social recorrió nuestro departamento. Su ojo clínico y profesional se posaba en todo. ¿Qué pensaría de nuestra casa? ¿La hallaría apta? Su rostro no revelaba ninguna reacción. Al entrar al cuarto en el que estaría la criatura, dejó traslucir una gran sorpresa al verla repleta de juguetes.

—Caray, ya tienen todo listo para recibir a la niña, ¿verdad?

Le expliqué entonces que ya habíamos tenido una niña con anterioridad y que por supuesto el cuarto estaba listo para recibir a nuestro nuevo hijo. La trabajadora hizo un gesto aprobatorio y siguió con su recorrido.

Erick aprovechó esto para susurrarme:

—¿Por qué no le preguntas cómo se llama la niña que vimos la otra vez, la que estaba toda llena de espuma de hule?

—Erick —respondí—, eso fue hace casi dos meses. Con los cambios que debe haber ahí adentro, ni sabrá de quién le estamos hablando.

—Puede que no, pero Dios sí lo sabe...

Y terminamos preguntándole.

De inmediato la trabajadora nos dio todas las señas de la niña, como si fuera la única habitante de ese albergue. ¿Estaríamos hablando de la misma criatura? Esa noche le pedimos al Señor que fuera la escogida por nuestro corazón desde la primera visita, recordando con insistencia aquel salmo cuya sola evocación nos llenaba de esa paz que solo el Señor sabe dar.

Por la vía telefónica preguntamos si la niña de nuestras inquietudes estaba en adopción.

Nos respondieron que sí estaba pero que, como ya nos habían informado, el reglamento para las adopciones es muy estricto en el sentido que no se puede escoger a los niños.

—Debe haber alguna posibilidad —insistimos.

Nos respondieron que sí podría haberla pero que no nos hiciéramos ilusiones.

Cuando colgué el teléfono, no pude reprimir un ¡Aleluya! de alegría; un ¡Gracias, Padre celestial! Sentía que él estaba en control de la situación, que iba rompiendo puertas, trabas, candados.

Durante todo ese tiempo a nadie le comentamos de nuestros planes, excepto, desde luego, a nuestras familias y a los doctores Pardillo, directores de Amistad Cristiana ya que al expresar en alguna ocasión nuestro interés en adoptar, algunas personas estaban a favor y otros en contra hasta que escuché a Erick decirme: —Gloria, yo soy la cabeza de este hogar. Si Dios nos abre las puertas para adoptar a esa niña, a quien le va a pedir cuentas sobre ella es a mí, no a ti; de modo que descansa y vamos a seguir orando por sabiduría, para que él nos guíe.

En verdad descansé. No estaba sola ante la grave responsabilidad de rendir cuentas ante Dios por una vida. Aunque Erick había asistido sin falta a todas las citas y exámenes, hasta el momento en que me dijo esto, sentí que él ya estaba preparado para recibir a otra hija, aunque no hubiera salido de mi vientre.

Enviaron a la niña al hospital para practicarle los exámenes de rutina, y pasó un buen tiempo para que nos entregaran los resultados. O bien salían de vacaciones, no se hallaba la doctora encargada de los análisis, o se traspapelaba algo. Durante ese tiempo nos sentimos como en la cuerda floja, sin saber a ciencia cierta qué hacer o para dónde ir. Sabíamos que había que esperar y lo hicimos lo mejor posible.

«¿Los análisis? Ah, los resultados de los análisis. Permítame. Antes, la genetista quiere hablar con ustedes sobre algo que tiene la niña...».

La sola mención de la palabra «genetista» hizo que mi estómago me diera dos vueltas.

Colgué el teléfono con un dejo de angustia y se lo comenté a Erick. Él no dijo nada, hasta el día en que fuimos a hablar con el doctor. En la puerta del despacho me detuvo y me dijo:

—Gloria, Dios me hizo sentir que si la niña tiene algo malo, ¿quiénes somos nosotros para rechazarla? No vamos por un mueble, sino por un ser humano. Si necesita de nuestra ayuda, se la daremos...

Tras las rigurosas fórmulas de cortesía, el doctor nos comentó que la niña se encontraba perfectamente sana.

—Pero nos dijeron que la genetista quería decirnos algo.

—Sí. Darles varias recomendaciones porque la niña, a pesar de tener ya dos años, no habla en lo absoluto y no es porque tenga algún defecto que se lo impida, sencillamente se niega a hacerlo.

Soltamos un suspiro de alivio y dimos gracias a Dios. Ya para salir, pedimos ver de nuevo a la niña.

No la habíamos visto en meses. No recordábamos con exactitud cómo era y ni sabíamos si era la misma que vimos por primera vez en aquel corralito. Con creciente nerviosismo esperamos a que nos la trajeran. A través de la ventana podíamos observar a los niños jugando. De pronto, una niña de aspecto muy fino me llamó poderosamente la atención por su peinado —una colita arriba de su cabello—, de idéntica manera a como yo peinaba a Paola. Era la única así entre todas las niñas reunidas.

—Les quiero advertir que la niña no está igual a como la vieron por primera vez —dijo la directora, para añadir después—, acaba de tener varicela y anda un poco deprimida porque la cambiaron con los niños mayores, dado que ya sabía caminar. Por lo mismo, no ha querido comer y esto, querámoslo o no, influye en su aspecto.

La advertencia quedó flotando en el aire como un fantasma, preparándonos anímicamente para ver a la niña. Alguien se acercaba ya con ella.

Sí, era la misma niña del corral, y también la criatura peinada con la colita en la cabeza. Nos quedamos pasmados al verla. Estaba delgadísima, casi sin pelo y con muchas manchas por todo su pequeño cuerpo a causa de la desnutrición. Por si fuera poco, aún le quedaban algunas ronchas de la varicela. En verdad, su aspecto era deprimente. Cuando nos la dieron, la niña evitaba mirarnos a los ojos y se estrujaba con angustia sus manitas. Con gran inseguridad y temor se fue con nosotros al sillón de la sala de espera en donde intentamos, sin mucho éxito, llamarle la atención. Nos enterneció y no podíamos comunicarnos entre Erick y yo, pues sentíamos en nuestras espaldas las miradas de la directora y de todo el personal, quienes observaban atentos y en silencio nuestras reacciones. La niña solo se limitó a darnos y a quitarnos un juguete que tenía entre sus manos. Ya para finalizar la visita, mostró una tímida sonrisa cuando jugaba al caballito con Erick.

—¿Y bien? —nos preguntó la directora una vez que la niña se hubo marchado.

—Ya no queremos ver a ninguna otra criatura. Deseamos únicamente a esa niña.

La directora asintió levemente y dijo que ahora solo faltaría tener una junta entre el licenciado, la sicóloga, el doctor y ella para evaluar nuestro caso.

No salí tranquila de ahí. De alguna manera sentía que no habíamos causado buena impresión y que el veredicto sería adverso. Todo el día me la pasé orando hasta que el Señor me mostró un pasaje que impactó nuevamente mi corazón. Se hallaba en Cantar de los Cantares 1.6–7 (RVR1960):

«No reparéis en que soy morena, porque el sol me miró. Los hijos de mi madre se airaron contra mí; me pusieron a guardar las viñas; y mi viña, que era mía, no guardé. Hazme saber, oh tú a quien ama mi alma, dónde apacientas, dónde sesteas al mediodía; pues ¿por qué había de estar yo como errante junto a los rebaños de tus compañeros?».

No quiero decir «Dios me dijo», sacando un texto de su contexto (cosa bastante absurda e insensata). Sin embargo, al leer esas líneas cargadas de belleza, poesía y sapiencia, el Señor me daba a entender que esa niña era mía y que si pudiera hablar, tal vez me diría: «No importa mi apariencia. Mi familia me rechazó. No pude habitar en mi casa y si dices que tanto me amas y que deseas adoptarme, dime dónde vives, en dónde duermes para que yo viva y duerma ahí también. ¿Por qué debo andar errante y no disfrutar de lo que tú me puedes dar?».

3

LLEGA REBECA

La mañana era fría y el lugar lo era más.

Cuando nos la entregaron, sus manitas estaban heladas. La directora me dijo que si lo deseaba, le podía cambiar los pañales. Accedí. Cuando le quité los pañales mojados, sentí un escalofrío terrible al ver que toda la parte del cuerpo que quedaba cubierta por el pañal estaba llena de manchas blancas como si la hubieran quemado. Mi imaginación se desató. Clamé mentalmente: «Señor, que no la hayan quemado. Que no sea lo que estoy pensando». Mientras tanto la directora me observaba atenta y en silencio. (Gracias al cielo que Fernando, mi amado pediatra, al revisarla me dijo que eso era causa del simple descuido al no cambiarle los pañales más seguido, y que se le quitaría pronto, cosa que así sucedió.) Después de semanas de juntas interminables y de todas las trabas posibles, por fin llegó el gran día. El doctor del DIF la pesó. Tan solo ocho kilogramos y presuntamente le calculaban dos años con tres meses de edad. Era tan pequeña y tan frágil, que dudaba que tuviera esa edad. El doctor nos explicó que la edad se calcula por los dientes. Se nos entregaron los papeles de custodia por solo tres meses. Los definitivos vendrían después.

—¿Es todo?

Aún estábamos incrédulos.

—Es todo, ¡Felicidades!

Salimos del lugar sintiéndonos rarísimos y extrañamente privilegiados. Una vez más éramos muy bendecidos por la amorosa mano del Señor. Arropé a la niña y sentí cómo me abrazaba por el cuello en muda aceptación. A partir de ese momento comenzamos a llamarla Rebeca.

¿Se puede imaginar alguien la sensación tan peculiar que sentí al verme de repente con una criatura en mis brazos... a una criatura mía? Sentía amor y temor al mismo tiempo. Como siempre, Fernando (su pediatra) me ayudó muchísimo. «Gloria, no te puedes enamorar de nadie de un día para otro. Dale tiempo y ella conquistará tu corazón y tú el de ella. Poco a poco se acomodará, pero todo es cuestión de tiempo».

Rebeca nunca se sintió extraña. Desde el primer día disfrutó de la casa y de todo lo que en ella había. Estaba feliz con sus juguetes. Pronto comenzamos a notar cambios al darle las medicinas y el alimento. Estaba acostumbrada a comer tortilla con frijoles y rechazaba cualquier otra cosa. Muy lentamente, comenzó a aceptar otro tipo de comida. Le variábamos los sabores y hacíamos de la hora de la comida todo un acontecimiento. Nos costó descubrir sus gustos. Toda mi familia le dio una bienvenida sensacional. Las mujeres del grupo de estudio bíblico de la casa de mi mamá me hicieron una fiesta para recibir a la bebita y Rebeca tuvo aun más juguetes y cosas. Todo el mundo estaba feliz y sorprendido de que fuésemos padres de nuevo.

¡Ella floreció!

Había sido como una flor marchita que repentinamente resucita. Estábamos muy orgullosos de nuestra bebita. De inmediato le dijo «papá» a Erick. A mí, tardó más en darme el título de mamá. Después de haber tenido tantas cuidadoras, de seguro pensaba que yo era una nueva «señora», pero Erick sí era novedad.

Quiero explicar lo que para nosotros significó la adopción de Rebeca en comparación con lo que Jesús hizo por usted y por mí.

Así como estaba ella, sufriendo de suciedad, de enfermedad, de desnutrición y abandono, así nos encontró el Señor: sucios de pecado, enfermos sin su presencia, más muertos que vivos y desnutridos de su Espíritu y de su palabra. Abandonados y heridos.

Así hallamos a Rebeca.

La limpiamos, la vestimos, le dimos un hogar, comida y protección de padres. De igual manera, el Señor nos rescató por su sangre, nos limpió de pecado y nos dio vestiduras blancas, dignas para hacernos morar con él, nos cubrió con sus alas y nos protegió.

Rebeca no tenía nombre, ni apellidos, ni familia. Nosotros le dimos todo eso y pasó a formar parte de una familia con abuelos, tíos, primos y, lo más importante, con padres. Ahora tiene los mismos derechos de hija como los tuvo Paola. En mis oídos resonaban las palabras del Señor: «Yo te puse nombre. Hijo mío eres tú». Rebeca fue adoptada como Dios nos adoptó a nosotros.

Para ella, todo era nuevo.

Se sorprendía con las cosas más insignificantes y lo desconocido le causaba una gran curiosidad. Daba la impresión que para ella, todo era bueno. Disfrutaba cada objeto que le enseñábamos, aunque a veces mostraba recelo por no saber exactamente lo que era ni para qué servía. La primera vez que la llevé al supermercado y al quererla sentar en el sitio destinado a los pequeños en el carrito, comenzó a llorar. No sabía lo que era eso. La tuve que obligar a sentarse para luego pasearla rápidamente por toda la tienda. Por supuesto que la experiencia le fascinó y entonces el problema fue obligarla a dejar el carrito.

Otro día la llevé a un enorme centro comercial. Necesitaba zapatos y busqué unos muy especiales para ella. Rebeca entró con aire de suspicacia, recelo que luego se tornó en curiosidad. Todo le era llamativo. Al pasar por un establecimiento de donde salía una música muy intensa, ¡se puso a bailar! Se veía tan graciosa y creo que fue la primera vez que tuvo una reacción tan espontánea. Me llené de gozo al verla disfrutar lo que para nosotros es tan rutinario.

También para nosotros todo era nuevo. Me sorprendía de las cosas que hacía. Nunca había observado el crecimiento de una criatura. Mi Paola nunca hizo nada de lo que ahora hacía Rebeca. Mi mamá solo se reía. Y me decía: «Gloria, los niños suelen crecer».

Nos enternecimos sobremanera cuando comenzó a hablar. ¿Qué hubiera sido de esta niña si no la hubiésemos adoptado? El solo pensarlo me llenaba de orgullo, pero también de una gran responsabilidad.

El primer mes avanzó de manera espectacular. Después la tuvimos que llevar a la Casa Cuna para ciertos trámites. Teníamos que regresar tres veces antes de recibir los papeles definitivos de adopción. Llegamos muy orgullosos con una niña a todas luces cien por cien mejor de como la recibimos. Llena de vida, preciosa y muy inteligente. Ya en la Casa Cuna me dediqué a observar sus reacciones. Rebeca iba muy contenta y así se mantuvo en las oficinas, hasta que vio a los niños y a las maestras que se acercaron a nosotros. Comenzó a angustiarse terriblemente. Volteó a mirarme y se me abrazó con tal desesperación sin dejar de llorar, que se me formó un nudo en la garganta. La cargué mientras no cesaba de musitarle: «No te voy a dejar, hijita, no te voy a dejar».

De nuevo, la directora nos observaba atenta y silenciosa. Punto a nuestro favor. Observó que la niña estaba perfectamente acoplada a nosotros. Para eso son las citas, para constatarlo. Vio que Rebeca había mejorado notablemente y que nos hallábamos contentos, así que nos citó para el siguiente mes.

Volvimos al mes siguiente y la escena se repitió.

Lo mucho o poco que se había avanzado, se desplomaba con estas visitas. Nosotros sufríamos al verla llorar en forma tan desgarradora. Seguramente se imaginaba que la íbamos a abandonar. Les supliqué que no nos hiciera ir de nuevo.

«No voy a volver de nuevo» les dije. «Creo que es obvio que la niña está bien. No la torturen haciéndola regresar. Por favor, por lo que más quieran, que ya cesen estas visitas. No se pueden imaginar cuánto retrocede cada vez que la traigo aquí».

Nos hablaron de que los trámites y las reglas se deben respetar, pero terminaron dándonos el sí. De nuevo, las reglas se habían quebrado. Nos dijeron qué papeles y testigos había que llevar ante el juez para que este dictaminara que Rebeca ya era legalmente nuestra.

Cuando llegó el tiempo de hacer esto, nos presentamos con unos amigos muy queridos: Vicky y Manuel. Ellos se sentían honrados de fungir como testigos de tan importante acontecimiento. Les preguntaron si nos conocían, lo que habían visto desde que Rebeca estaba con nosotros y cosas así. A nosotros nos preguntaron cómo nos sentíamos con la niña. Respondimos de inmediato: «La niña es nuestra».

En pocas horas tuvimos todo. Rebeca había quedado registrada con nuestros apellidos.

4

Las cosas no son tan sencillas como parecen

En la vida de Rebeca aun había cosas por arreglar.

Al cumplir los tres años, la matriculamos en la escuela. Poco después de entrar requirió de terapias de lenguaje. Esta y otras áreas en su desarrollo estaban atrasadas para su edad.

Era muy activa y en la escuela no podía mantenerse sentada más de un minuto. Era dinamita pura. Las maestras batallaban colosalmente para captar algo de su atención, pues ella parecía encontrarse en otro mundo. Si veía que alguien pasaba por la ventana del salón, se paraba de inmediato y se iba con esa persona, sin importarle quién fuera ni a dónde iba. Conocía a mucha gente. La escuela es parte de la iglesia donde nos congregamos y ella era muy conocida por todos y todos por ella. Allí se sentía a sus anchas al punto que aun no se daba cuenta que, a veces, su comportamiento se estrellaba contra la disciplina y las reglas establecidas. Con mucha frecuencia, la maestra tenía que correr tras ella y con trabajo la regresaba a su asiento para nuevamente tratar de captar su atención.

Tras recomendación del pediatra, la sometimos a terapia. Me preocupé, pensando que este proceso sería muy lento y todo haría que recordáramos lo que pasamos con Paola, pero pronto nos dimos cuenta que Rebeca sí avanzaba. Era otra niña, quizá con otros problemas, pero ella sí iba a salir adelante. De modo que nos interesamos mucho en la terapia.

Así, mi niña fue creciendo, adaptándose a nuestro paso, pues nuestra vida no era nada tranquila. Viajábamos mucho y la llevábamos a todas partes. Era muy inquieta en todo, pero nunca nos pesó, ya que habíamos conocido el otro lado de la moneda: una niña que nunca hizo nada de lo que hacía Rebeca, pero aun así, seguía siendo demasiado activa, como no lo eran las criaturas de su edad. Sin cesar, Fernando nos recordaba que los dos años que estuvo sin nosotros fueron muy importantes para su formación y que ahora había que recuperar ese tiempo perdido. El rechazo que tal vez experimentó desde el vientre de su madre y después el abandono de que fue objeto hizo que en lugar de tener tres años, apenas tuviera uno. Realmente había comenzado a vivir a partir del tiempo que vino con nosotros. De modo que había que tener mucha paciencia y aceptación. Ahora dependía de nosotros sacarla adelante y vencer esos dos años sin infancia que son tan vitales para todos los niños. También tratamos de disciplinarla con la «vara de la corrección». Fue difícil, pero poco a poco teníamos que hacerla sentir en familia con todo, incluso la disciplina. A veces nos desesperábamos. Al recogerla de los salones de niños, ya fuera de la iglesia la que asistíamos o del lugar que visitáramos, invariablemente recibíamos la letanía sobre su mal comportamiento. Nos sentíamos apenados, pues deseábamos que fuera lo contrario, pero todo era resultado del sufrimiento recibido durante su temprana edad. Teníamos la seguridad de que esta situación sería pasajera.

Desde el principio, le quisimos decir que era adoptada. Sabíamos que esto era algo que tarde o temprano tendría que saber. Y éramos nosotros quienes teníamos que decírselo, de otra manera alguien lo haría. Todo nuestro mundo giraba alrededor de la iglesia y de la escuela. Aquí todos la conocían y yo no quería que nadie la sorprendiera o hiriera con esa revelación. Así que desde siempre supo que era una niña escogida. Erick abrigaba sus dudas al respecto. Pensaba que ella no lo entendería, pero se lo explicó de un modo tan natural que pronto, a su edad y a su entender, nos dimos cuenta de que lo había asimilado perfectamente.

En cierta ocasión, le narraba la historia de Moisés. De cómo su mamá lo puso en esa canastita y la hija del Faraón al verlo exclamó: «¡Qué hermoso niño, lo quiero como mío!».

Rebeca me interrumpió para decir: «Y lo adoptó, como ustedes a mí...». ¡Qué bueno! Me sentí muy bien al ver que lo tomaba así, como algo especial escogida primeramente por Dios y después por nosotros.

Conforme crecía, hacía más preguntas y, según mi comprensión, muchas las hacía antes de tiempo. Una vez me preguntó si ella había estado en mi vientre. No esperaba una pregunta como esta.

—Entonces, ¿de qué barriga salí? —insistió.

—Del vientre de otra señora —le respondí mientras sudaba frío pensando en qué preguntas seguirían después.

—¿Y dónde está esa señora?

—No sé. Sin embargo, fue alguien especial que te tuvo para que fueras nuestra —añadí—. Te escogimos, eres preciosa, eres nuestra hija y eso es lo importante.

Por fortuna, se quedó muy tranquila, aunque después siguió preguntando cosas conforme le relataba cómo había llegado a nosotros. Todo eso se le fue haciendo muy natural.

Eso es lo que se debe hacer en casos como el que relato. Le dijimos la verdad de acuerdo con su nivel y pensamos que más tarde, si quería tratar de encontrar a sus padres biológicos, estaríamos dispuestos a ayudarla con la conciencia tranquila de que siempre se le dijo la verdad.

5

SORPRESAS QUE DA
LA VIDA

«¿Que estoy qué?».
         La prueba del embarazo había salido positiva. No podía creerlo. Durante tanto tiempo habíamos deseado esto y por fin había llegado la hora. ¡Cómo dudé que esto llegara a suceder! Había perdido la esperanza, pues siempre nuestra oración fue: «Señor, hágase tu voluntad y no la nuestra, deseamos que el bebé venga sano en tu tiempo», aunque parecía que ese tiempo no llegaba.

Conocíamos los riesgos. Los médicos ya nos habían advertido de que la enfermedad de Paola podría repetirse. Teníamos un veinticinco por ciento de probabilidades de que esto sucediera. Es decir, de un embarazo en cuatro el bebé podía venir con la misma enzima baja causante de la lipidosis y de que se presentara el mismo desenlace fatal. La verdad, el porcentaje no se nos hizo grave. Realmente, un setenta y cinco por ciento suena alto, por lo que decidimos tenerlo. Ya habíamos adoptado a Rebeca con lo que habíamos cubierto una de las opciones para formar una familia. Habíamos orado pidiendo otra hija, aun corriendo el riesgo, pero con el respaldo de Dios. Me habían hecho varios estudios para que me pudiera embarazar y nada había sucedido. Nada hasta ahora.

Erick tampoco lo podía creer. Sin embargo, predicó acerca de la fidelidad de Dios. Habían pasado tres años desde la muerte de Paola y aún con ella viva, habíamos dejado de cuidarnos para tener otro bebé sin que nada sucediera. Llegamos hasta ponernos un plazo que, por cierto, en esta fecha terminaba. Había dudado y ello me hacía sentir mal por no haber confiado lo suficiente en el Señor. Nuestra vida siguió igual de agitada. Yo cantaba y Erick predicaba en sitios que nunca nos hubiéramos imaginado. Era la primera vez que nuestros pastores nos confiaban y recomendaban a otros lugares, lo que revolucionó nuestra existencia. A esas alturas, ya tenía dos CDs de música cristiana que con la ayuda de mis hermanos logramos sacar. Esto nos llenó de gran satisfacción, pues sentíamos estar sembrando en lugares diferentes, con personas muy distintas a las que estábamos acostumbrados en nuestra congregación. Pudimos convivir y conocer a líderes cristianos que solo habíamos visto de invitados en Amistad Cristiana, siendo una vital experiencia el visitarlos en sus propias congregaciones y tratarlos personalmente.

No habíamos salido desde la muerte de nuestra hija. Pero ahora, las puertas se nos fueron abriendo de manera sorprendente mediante viajes, conciertos, compromisos en congregaciones, iglesias, reuniones, cenas y demás compromisos, y Rebeca siempre iba con nosotros. Ella era feliz. Nunca se resistió ni se quejó de semejante trajín. Tenía un espíritu libre lo que se reflejaba en todo su ser. Rebeca era una niña muy sociable. Si le ofrecían los brazos, se iba con cualquiera. Constantemente teníamos que estar encima de ella, pues su libertad nos preocupaba, pero verla así, tan llena de vida y con salud, nos llenaba de felicidad.

Deseaba tanto tener una hermana que cuando supo que estábamos esperando un bebé, aseguraba que sería niña. Me agradaba oírla tan segura y tan contenta. Preguntaba cuándo vendría y quizás nunca imaginó que sus ojos oscuros y encantadores verían mi vientre crecer y sentiría a su hermana moverse adentro.

Luchaba mucho en mi interior.

Después de los primeros tres meses ya todo era más seguro. Mi doctor había comentado que con tantos abortos, uno nunca estaba seguro si el bebé se lograría o no. A menudo yo cantaba una canción acerca del aborto que Erick y yo compusimos, y que se titula *Quiero vivir*. Me gustaba cantarla y ministrar acerca de este tema, pues podía dar testimonio de que cuando Dios sopla vida, es Él quien la da y solo Él tiene poder para quitarla.

Pronto hubo necesidad de hacerme un ultrasonido. Al conocer los médicos mis antecedentes sobre Paola, sugirieron que sería bueno analizar mi líquido amniótico para comprobar si el bebé venía bien o no. Me opuse. «Yo jamás abortaría a mi bebé» les dije. «Aunque venga mal, lo tendré». Más de un doctor se rascó pensativo la sien. Me admiraban y aunque ninguno lo comentó, veía en su mirada el deseo de: «Dios quiera que esta señora tenga un bebé sano. ¡Qué modo de arriesgarse!».

«Bueno, señora», me dijeron, «es su decisión y nosotros la respetamos».

Les faltó añadir: «Allá usted».

Yo con más ganas cantaba mi pequeña canción, compartiendo acerca de nuestra vida con Paola y del riesgo que corríamos. La gente salía bendecida. Esto me llenaba de gozo. ¿Cómo entender a los demás, sus problemas, aflicciones y quebrantos, si jamás hubiésemos atravesado por ese valle de sombras agarrados de la mano de Dios? Una vez tras otra, las personas se acercaban para orar por nosotros y por nuestra bebita. Al verlas tan enternecidas yo me sentía muy tranquila, en paz, agradecida porque se interesaran en ser parte de nuestro gran regalo. Permitía que impusieran sus manos sobre mi vientre y oraran. Esto ocurría con tanta frecuencia que acababa cansada de tanto sonreír. Sin embargo, entendía siempre las buenas intenciones y la hermosa voluntad de las personas que nos amaban y deseaban ver ese bebé que tanto nos profetizaron. Sí, nuevamente hubo profecías. Veían niños con ojos azules, niñas con ojos verdes iguales a los de mi mamá, predicadores, niñas que cantaban. Un sinnúmero de visiones que aceptaba con gratitud, pero al ver la variedad tan extensa llegué a tener mis dudas. Nunca quise desairar a nadie. Sabía que Dios tenía todo bajo control y así como con Paola nos rescató de la amargura y del resentimiento por las muchas palabras recibidas referentes a su sanidad, también lo haría esta vez, no importando si el bebé tenía los ojos color verde, azul o café. Lo único que yo deseaba era que Rebeca no sufriera. Me repitieron tanto: «Va a ser rubia», «No, es un niño rubio», y sin saberlo las personas me mostraban sus preferencias. Rebeca, aunque preciosa, no era rubia y lo que menos deseaba era que existieran diferencias entre un hijo y otro. Sufrí esto de niña al ser comparada constantemente con mis hermanos no por mis padres sino por la gente, por una u otra cosa y sabía lo que era el rechazo hasta que acepté al Señor y Él me libró de todos los complejos surgidos de: «No ser como...». Así que haría lo imposible por evitar que mi hija sufriera de comparaciones y comentarios que la pudieran herir, la enseñaría a aceptarse tal y como era y a no ser como nadie más. La creación de Dios en ella había sido perfecta.

A Erick y a mí se nos encomendó la responsabilidad de guiar el grupo de jóvenes de la iglesia. Eran alrededor de trescientos muchachos que recibimos junto con un equipo de matrimonios jóvenes que nos ayudarían con tan tremenda tarea.

Decidimos dividir al grupo en doce tribus, como las de Israel. A fin de darnos la oportunidad de conocerlos a todos, decidimos que cada tribu tendría un jefe y un subjefe, elegidos por los propios muchachos. A estos jefes los fuimos preparando y haciéndolos discípulos para dicha tarea. Se confeccionaron estandartes y lemas para cada tribu; así era más fácil organizar actividades. Las edades de los muchachos oscilaban entre los doce y los veintiocho años. Quisimos dividir a los adolescentes, pero tenerlos integrados así funcionó muy bien, pues los grandes discipulaban a los chicos, y los pequeños estaban tan entusiasmados con el Señor que eran ejemplo para los mayores.

Comenzamos a trabajar pidiendo a Dios sabiduría, pues deseábamos que se desarrollaran en un ambiente de aceptación entre ellos y crecieran en el conocimiento de Cristo. Que se comprometieran con él y utilizaran los talentos que Dios les había otorgado. Era hermoso ver cómo se formaban líderes y luego tomaban su lugar en el cuerpo de Cristo. Jóvenes antes apagados por la apatía, ahora servían fervorosamente al Señor. Lo mejor de todo era ver que ellos traían a personas nuevas de su trabajo, escuelas o familia.

El grupo no tardó en crecer.

Muchas de los matrimonios que nos ayudaban comenzaron a embarazarse y entre ellos yo también, de modo que los muchachos estaban contemplando el milagro de la vida. Después tuvimos quinientos, luego más. Cuatro años después ochocientos, y hoy se reúnen hasta mil, todos ansiosos de conocer más del Señor. Nuestro deseo es que su identificación esté en Jesucristo y que sus crisis, por más graves que sean, hallen respuesta en Dios.

¡Cómo han enriquecido mi vida! A pesar de los errores, los problemas y las grandes responsabilidades, el Señor nos ha permitido involucrarnos con esta parte tan importante del Cuerpo de Cristo, porque en ellos radica la fuerza de la iglesia.

Fue hermoso servir en este ministerio. Nos encanta estar con los jóvenes. En primer lugar se nos hizo fácil, pues no sentíamos una gran diferencia entre las edades de ellos y las nuestras. Después, viendo la enorme responsabilidad, reconocimos que por más jóvenes que nos sintiéramos, siempre existía ese abismo llamado brecha generacional y que se podía allanar estando al tanto de lo que veían, oían y vivían. Yo no sabía ni encender una computadora. Erick comenzó a involucrarse en este mundo y yo aprendía con él. Los muchachos de hoy manejan mucha información y no es sencillo estar al día como ellos lo están, pero se intenta. No tardamos en sentirnos aceptados.

Muchos de ellos venían de hogares destruidos por el divorcio y el alcoholismo, o de madres solteras. Cada sábado se amontonaban para hablar con nosotros. Abrían sus corazones y les conocíamos más profundamente. Pronto supieron que estábamos ahí para brindarles toda nuestra amistad, amor, comprensión y apoyo. Me sentía feliz ayudándolos.

Un sábado nos dieron una tremenda sorpresa. Cada tribu había elaborado una enorme tarjeta, dándole la bienvenida a la nueva bebita. La invitaban a formar parte de ellos, llenándonos además de juguetes, pañales, biberones y toda clase de artículos muy útiles. Está por demás decir que este detalle me llenó de ternura. Guardé cuidadosamente las tarjetas pues abrigaba la intención de enseñárselas a mi bebita cuando fuese mayor y supiera del amor con que estos muchachos la habían esperado, considerándola parte de su familia desde antes de nacer.

Cada semana teníamos a Rebeca con nosotros al reunirnos en la casa con todos los líderes y a veces también con todos los jefes. De este modo, Rebeca creció viendo a los jóvenes como parte de su vida. Claro, esto comenzó a robarnos mucho tiempo para dedicarle a ella. No la podíamos relegar, ni hacerla marchar a nuestro ritmo. Fue difícil. ¡Uf! ¡Cuánto nos faltaba por aprender! Cada sábado que teníamos reunión con los jóvenes, iba una señora de la congregación a cuidar a los niños de todos los que nos ayudaban. De esa manera, nuestros hijos estaban ahí con nosotros, conociéndose de acuerdo a su edad.

6

NO HAY VERDUGO QUE
NO AHORQUE NI PLAZO
QUE NO SE CUMPLA

Después de los siete meses de embarazo, los médicos prescribieron suspender los viajes. Como me resultaba muy incómodo cantar con la panza tan crecida, solo asistíamos a invitaciones en la ciudad. Poco a poco se acercaba la hora. Las fiestas para recibir al bebé se multiplicaron y pronto la casa estuvo rebosante de mil artículos.

«Será varón», me decían algunos, y apoyaban su augurio por la forma de mi vientre. «Sí, esa barriga es de varón... Y asentían con aire docto. Tendrás un Erickito».

También yo me imaginaba que sería varón, porque todo el embarazo fue muy diferente, no había sentido nada de lo que experimenté con Paola. Pensaba que por ser tan diferente sería varón. Erick también presentía lo mismo y pronto estuvimos buscando nombres masculinos, pues si llegaba a ser niña se llamaría Ericka.

Pronto se me hizo pesado llevar a Rebeca a sus terapias, pero tenía que hacerlo. En la escuela aumentaban las quejas por su comportamiento y, aunque había avanzado notoriamente, todavía batallaban para captar su atención. Al asistir a sus clases abiertas, nos percatábamos de lo fácil que para Rebeca era distraerse y, si estando presentes lo hacía hasta el punto de pararse y salir, ¿qué no haría en nuestra ausencia? ¡Pobres maestras! Confiábamos que con las terapias, nuestro amor y la venida de un pequeño compañero o compañera, habría un cambio favorable en ella.

Se programó la cesárea. El médico lo prefirió así, debido al antecedente con mi primera bebita. ¿Yo? ¡Feliz! Nada como saber la fecha exacta de su nacimiento, comparado con la angustiosa espera de los últimos días.

Para ser sincera, debo decir que llegué a pensar en la posibilidad de que mi bebé pudiera venir con la enfermedad de Paola. Lo que siempre me consoló era recordar las palabras de Erick: «Lo amaremos y lo cuidaremos tal como hicimos con Paola...». Así que tenía presente que esta había sido una decisión bien tomada, bien orada y que enfrentaríamos el futuro con valentía, aunque mi esperanza era que en esta ocasión todo saliera bien.

Llegó el día largamente esperado. Era el 18 de junio de 1992. Una semana antes habíamos celebrado el cuarto cumpleaños de Rebeca. «Qué cómodo», pensaba, «podremos celebrarles sus fiestas juntas».

Habíamos acordado con el médico que hiciera la cesárea y que luego procediera a ligar las trompas, pues habíamos decidido que este sería el último embarazo. Me prepararon. Un médico tomaba en vídeo la llegada del tan largamente anhelado bebé. Fernando, a petición mía, ya se encontraba ahí en la iluminada y aséptica sala de operaciones. No tardaron en bloquearme y aunque anestesiada de mi cuerpo, me encontraba lúcida, nerviosa y mirando el ir y venir de médicos y enfermeras.

Mi ginecólogo se acercó con sus manos blancas por los guantes de látex para decir:

—Estamos listos. En el nombre de Dios...

¡Qué maravilla! Nunca esperé oír esas palabras. Que Dios bendiga a Ricardo, que es el nombre del médico, pues se puso en manos de Dios, como nosotros lo habíamos hecho.

El aire se llenó de un fuerte olor a desinfectante. Yo platicaba con el anestesista, quien me llenaba de preguntas, en un intento tal vez de distraer mis nervios. Sin dolor, sentía como me cortaban y hurgaban en mis entrañas.

—Si es varón, ¿qué nombre le van a poner?

—Erick —mi voz temblaba. El ambiente se cargaba de ruidos de máquinas y nuevos olores se sumaban.

—¿Y si es niña?

—Ericka...

—Pues, felicitaciones. Acaba de tener una Erickita...

Enseguida escuché el llanto de la recién nacida.

¿Una Ericka? No puede ser. Siempre pensé que era varón. Con rapidez y pericia la envolvieron en lienzos y me la acercaron. Quería revisarla.

—¿Está bien, Fernando? ¿Está bien?

Fernando sonrió mientras la cargaba.

—Gloria, está bien. Es preciosa. Me la voy a llevar para hacerle todo lo que es necesario.

La besé y le dije que la amaba.

—Bienvenida, hijita. Bienvenida, mi Ericka. Eres preciosa...

¿Qué cara iría a poner Erick cuando se enterara? ¿Y los de mi familia cuando les dijeran que había sido niña? ¡Huy, no lo creerían!

Permanecí acostada bajo la intensa y blanca luz. Quería bajarme de la cama para estar con mi hija y con mi esposo.

—Gloria —la voz de Ricardo me sacó de mis cavilaciones—, ¿cerramos o no la fábrica?

Dije sí, sin vacilar. Conocía el riesgo de tener más hijos y para mí, dos eran más que suficientes, dos niñas. Jugarían bien y se llevarían de maravilla.

—Sí, Ricardo, cerramos...

En lugar de hacer dos operaciones al mismo tiempo, me hicieron tres. A causa de pasadas cirugías, estaba llena de adherencias y Ricardo se tardó bastante en quitarlas para dejarme como nueva. Pronto estuve en la sala de recuperación y no veía la hora de hallarme en mi cuarto, donde seguramente se encontraban, ansiosos, mi mamá y Erick. Mientras esperaba, me puse a darle gracias a Dios. A suplicarle por mi hija y a entregársela en sus preciosas manos. Así transcurrieron quién sabe cuantas horas.

Por fin me llevaron al cuarto.

Al ver a Erick, quise llorar en sus brazos, pero no me fue posible al ver la cantidad de personas que atiborraban la habitación. Mamá brincaba de alegría al saber que había sido niña. Fernando, sin perder tiempo, se los notificó. Les informó, además, que la criatura se encontraba en perfecto estado. Erick estaba entre orgulloso y satisfecho. Ya todos habían acudido al salón de recién nacidos del hospital para verla, y no faltaban los tan esperados: «Se parece a tu papá», «No, se parece a mí», «Sacó la nariz de... etc.».

Rebeca se encontraba con mi buena amiga Lucía. Hubiera deseado que permaneciera un poco más con ella, pero cuando salimos del hospital para trasladarnos a casa de mamá y así evitarme el subir y bajar escaleras, me trajeron a Rebeca. A la inquieta y activísima Rebeca. «Dios mío, ¿qué voy a hacer?». Eran vacaciones, de modo que me hice la idea de estar trabajando horas extras con mis hijas.

Cuando Rebeca vio a Ericka, se emocionó mucho. La quería cargar y llevársela a jugar como a una muñeca más de su colección.

«No, hijita. Tenemos que tener mucho cuidado con ella», le decía. «Todavía está muy chiquita para jugar contigo. Poco a poco verás que crece y entonces podrán jugar juntas...».

Rebeca era muy tierna con su pequeña hermana; me quería ayudar en todo, pero al ver que no era posible, se frustraba, se enojaba y lloraba de pura impotencia. Me buscaba para que la cargara y abrazara, pero con la herida de la cesárea, aquello no era posible y veía su desilusión. ¡Qué cambio tan grande fue para ella! Ahora tenía que compartirme y compartirlo todo. Mi estado de ánimo no era el idóneo. Me vino una depresión posparto. Con Paola no me pasó, pero con Ericka... ¡Dios mío! Lloraba por cualquier cosa. No podía atender a la bebita ni a Rebeca. Así pasé más o menos un mes, con la sensibilidad a flor de piel hasta el punto que comencé a alarmarme. ¿No volvería a ser como antes? Erick, al no entenderme, me contrariaba. Él se iba a trabajar y al regresar esperaba que todo fuera como antes, pero solo hallaba a una esposa deprimida, una niña hiperactiva que no se entretenía con nada y a una bebita cuidada por la suegra.

Di gracias a Dios por mi mamá. Ella hacía todo por la bebita. Bueno, casi todo. ¡Qué impotencia me invadía ante esta situación! Deseaba terminar esa sensación de no poder explicar lo que sentía. Sensación magnificada cuando el esposo no sabe lo que experimenta una y no puede ayudarle.

«Por favor, llévate a Rebeca», le decía a Erick, «necesita distraerse». Me faltaba agregar: «Y descansar yo, aunque sea por unas horas». Erick no lo hacía de muy buena gana que digamos, pues tenía trabajo. Sabía, además, que Rebeca requería de toda su atención y en la oficina, ¿cómo tenerla quieta? Sin embargo, lo hizo, creo que por verme tan desesperada.

Muchas veces esperamos que el esposo sienta lo mismo que la esposa. Que sepa exactamente cómo nos sentimos, el ánimo que tenemos y, de acuerdo con eso, queremos que actúe. Sin embargo, al no ser así (muchos hombres tienen una sensibilidad cero), una gran desilusión nos embarga. Aquí Dios entra en acción, sabiendo nosotras que ningún hombre nos dará lo que solo Él puede dar. Esto lo aprendí en ese tiempo tan difícil, durante el cual quería sacarle a Erick compresión, ternura, entendimiento y mucho amor. Al no obtenerlo, el resentimiento me abrazó. Dios nos muestra que Él es suficiente. Aunque nunca lo exteriorizó, sin duda Erick esperaba lo mismo de mí y no se lo supe dar.

7

NUBES NEGRAS EN EL HORIZONTE

Durante esos días, me invadieron pensamientos horribles. Una cosa era la depresión natural posparto y otra la visita inefable del enemigo, quien sabedor de mis defensas bajas, llegaba a sembrarme ideas de angustia. ¿Y si Ericka tiene la misma enfermedad de Paola? De solo pensarlo me paralizaba. Abrazaba a mi hija, como para protegerla de tal idea. ¿Y si está enferma? ¿Si muere igual que Paola?

Cada vez que llegaba a visitarnos el papá de mi cuñada Cristi, que es pediatra, le pedía invariablemente que revisara a Ericka. Él lo hacía de muy buena gana, y una y otra vez nos decía sonriente: «¡Está muy bien! ¡Muy sana!».

Y el alma me volvía al cuerpo. Luego a solas, sin tensiones ni quehacer, me abandonaba a la cavilación y era cuando aparecían insistentes los mismos pensamientos atormentadores. Luché muy fuertemente por ahuyentarlos.

Estuvimos en casa de mamá casi dos meses y medio. Nuestra casa se la habíamos prestado a Palemón y a Paty

Camú, dos muy buenos y queridos amigos recién llegados de La Paz, Baja California, quienes llegaban a instalarse a la ciudad de México para servir a Dios en nuestra iglesia. Como todavía no les entregaban su casa, permanecían en la nuestra y nosotros en la de mi mamá. Mentiría si dijera que estaba a disgusto. No, es más, me sirvió para recuperarme del todo y, un buen día, amanecí sintiéndome nueva. Todo me pareció luminoso. El fantasma de la depresión había desaparecido. Me gocé de volver a ser la misma de antes. Todavía en casa de mamá comenzamos a tener reuniones con el liderazgo de los jóvenes. Me sentía feliz. Teníamos una nueva bebita creciendo bien, otra madurando deprisa con tantos cambios y un ministerio creciente, poderoso. Todo marchaba bien y no veíamos la hora de regresar a casa para iniciar la nueva rutina, con una nueva estructura familiar.

En cierta ocasión, salimos a la ciudad de Taxco a un retiro espiritual con los líderes de la iglesia. La esposa de Marco Barrientos acababa de dar a luz a un enorme varón y las dos coincidimos allá. Después de estar enclaustrada durante mes y medio, de repente verse en un sitio pintoresco, con aire libre de contaminación atmosférica y rodeada de personas amadas que también nos amaban, fue un refrigerio, tanto físico como espiritual. Con todos los líderes reunidos, Erick y yo les pedimos que oraran por la bebita, presentándola al Señor.

Entonces, les abrí mi corazón: «Quiero que oren por mí. He sentido un temor terrible, de solo pensar que mi bebé pueda tener la misma enfermedad de Paola. Por favor, oren por eso».

Las lágrimas corrieron por mi rostro. Erick estaba sorprendido, casi no habíamos hablado de nuestro temor, pero estaba presente en todo momento. A estas alturas no me paralizaba ni angustiaba la posibilidad de que estuviera enferma. Solo necesitaba saber lo que estaba enfrentando. Comparaba a Ericka con Paola y observaba con inquietud que tenían cuando menos un rasgo muy parecido: el vientre muy pronunciado, de ahí mi angustiosa petición.

Por supuesto, oraron por nosotros y nos ministraron de manera muy hermosa. También en aquella ocasión presentaron al hijo de Marco Barrientos. Descansé al abrir mi corazón, aunque hablar con los líderes no fue sencillo. Erick es reservado por naturaleza y yo todo lo contrario. Comencé a sentirme incómoda al pedir oración o exponer mi corazón al sentir que mi esposo no sabía lo que yo iba a pedir. Para mí, hablar y sacar todo lo que tengo adentro es una sanidad. Pero no quería ni exponer ni avergonzar a Erick, así que tuve el cuidado de medir lo que decía y de consultarlo antes. Por lo general, él me animaba a hacerlo.

Cada vez que íbamos al pediatra, nos parábamos al lado de él, observando atentamente cómo revisaba a Ericka. Nunca se habló del asunto, pero era evidente que Fernando sentía nuestra presión, nuestro anhelo de saber si todo marchaba bien.

—Está bien. No siento vísceras ni nada. La niña está perfecta...

Al mes siguiente, la historia se repetía. Sin embargo, al tercer mes, pude advertir que Fernando fruncía el ceño.

—Siento el hígado y el bazo crecidos...

—¿Estás seguro o esperamos otro mes para confirmarlo? —preguntó Erick.

Fernando se rascó la barbilla.

—Bueno, no podemos esperar. Solo les digo lo que veo y puede ser que si esperamos...

—¿Para qué esperar? —interrumpí—. ¿Qué hay que hacerle? ¿Una radiografía?

—Sería lo más adecuado...

Fernando nos lanzó una mirada que quiso ser tranquilizadora. No nos apresuró.

—No. Vamos a esperar un mes más —concluyó Erick.

Quise oponerme, pero con su habitual paz, el pediatra me dijo:

—¿Para qué quieres hacer esto tan rápido? ¿Vas a amarla menos?

—No, solo quiero evitarme un mes de infierno e incertidumbre... —repuse.

Se guardó un breve silencio. Erick se mantuvo firme en que el estudio se haría dentro de un mes. Al llegar a casa, nos esperaba una llamada de Fernando. Me dijo que sentía que yo tenía razón.

—¿Para qué alargar más esto? ¿Por qué no van al hospital y así salimos de las dudas?

Se lo comenté a Erick y estuvo de acuerdo. Debo mencionar que, hasta ese momento, Erick no tenía las dudas ni la misma incertidumbre que yo. Había preparado una plática acerca de la restauración de Dios, de su fidelidad, de cómo el Señor nos devolvió, con Ericka, todo lo que perdimos con Paola. Guardaba la esperanza de que todo había sido nerviosismo de Fernando al auscultarla, por sentir nuestra ansiedad sobre sus espaldas.

Entré con Ericka para hacerle la radiografía. Una vez revelada y colocada sobre el tablero luminoso, le pregunté al doctor encargado de descifrarla:

—¿Por casualidad no ve usted hepatoesplenomegalia? El galeno me lanzó una mirada de extrañeza. *¿De dónde sabría esta señora una palabra tan rara que significa hígado y bazo crecidos?*

—Sí, señora, definitivamente lo tiene...

Salí con prisa, llegué hasta Erick que me recibió con una mirada ansiosa e interrogante.

Asentí.

—Sí, Erick, sí lo tiene...

Nunca olvidaré el rostro de mi marido al escuchar eso. Sentí que iba a desmayarse en ese momento. La sangre huyó de su cara.

—No puede ser, no puede ser, vamos con los pastores... —musitaba.

Las lágrimas le brotaron abundantemente. De camino a casa de los doctores Pardillo, Erick no podía casi manejar. Lo vi desesperado, abismalmente triste y atravesado por un dolor muy fuerte, tanto como si le hubieran notificado de la muerte de Ericka.

Los pastores no estaban en México. Una de sus hijas nos recibió, estaba con su esposo, colaboraban con nosotros en el grupo de jóvenes. Con frases atropelladas les di la noticia y les pedí ayuda, pues veía muy mal a Erick. Se movilizaron, de ahí mismo le hablé a Fernando y le di la noticia. Recibí su silencio por respuesta. Le dije que no habría más estudios, que ya sabíamos lo que tenía y que por ningún motivo Ericka iba a sufrir lo que pasó Paola con tantos análisis y estudios cruentos. Fernando estuvo de acuerdo. Con un hilo de voz dijo: «Está bien, y lo lamento mucho. De veras que lo siento...».

Llegamos a casa y nos contuvimos más allá de nuestras fuerzas para que Rebeca no se diera cuenta de que algo grave estaba sucediendo. Buscamos a Palemón y a Paty, pero no los hallamos. Mi mamá había salido de la ciudad, así que prácticamente nos sentimos solos, envueltos en el silencio y en la desesperación. No había visto llorar a Erick de la manera en que lo hizo. ¡Qué dolor tan grande! Yo me sentía mal, pero las palabras de Erick retumbaban en mis oídos: «Si viene igual que Paola, la vamos a amar y a cuidar igual».

Creí que Erick estaba preparado para tener una bebé, sana o no, pero su reacción me alarmó sobremanera. Desde ese día ya no volvió a ser el mismo. Se le olvidó por completo aquel estudio preparado con cuidado sobre la restauración de Dios. No quiero decir con esto que haya perdido la fe ni que se haya enojado con Dios. No. En momentos así, Erick sabe que su fuerza radica en Él, acude a su presencia y se deja caer en sus brazos llorando. Sin embargo, cambió en muchos otros aspectos a lo largo de la vida de Ericka.

Para mí, saber esto fue devastador, pero significaba un nuevo reto: «Tenemos que sacar adelante a esta niña lo mejor posible». No tenía otra opción. En esos momentos, toda mi energía, todo mi pensamiento, todo mi ser, estaban concentrados en darle una mejor calidad de vida a mi hija y en sacar adelante a Rebeca sin que sufriera viendo marchitarse a su hermana hasta la muerte.

8

CONOCER EL FINAL, CAMBIAR EL PRINCIPIO

Rebeca me preocupaba sobremanera. Al ver a Erick así, no me podía dar el lujo de estar igual. Alguien tendría que estar fuerte y en esos momentos me tocó a mí estarlo. Nos pusimos a orar desesperadamente, tristes y dolidos por la noticia recibida. Lo que me encanta de Dios es que sabe cuándo puede uno enfrentarse solo a la prueba y cuándo necesita a alguien a su lado. Él es capaz de mandarle a ese alguien. Esa noche nos visitó la hija de los pastores, la misma que nos había recibido junto con su esposo y los primeros en saber lo que estaba sucediendo. Llegaron a buena hora pues estábamos tristes, desesperados y solos. ¡Qué maravilloso es tener amigos! Si hubiésemos buscado a alguien habríamos encontrado a una gran cantidad de personas deseosas de ayudarnos y de estar con nosotros en esos momentos. Pero es que no buscamos a nadie. No atinábamos a hacer nada y al no encontrar a nuestros buenos amigos Palemón y a Paty, Erick no quiso hablar con nadie más.

Nahúm e Indalí no pudieron hacer mucho, pero su oración y su visita nos hicieron apreciar lo mucho que vale una amistad. ¡Cuán importante es darse el tiempo para visitar a alguien sobrecogido por la aflicción e ir con la mejor disposición de ayudar, aunque no se tenga la menor idea de qué decir o de qué hacer! Dios llena la boca y, a fin de cuentas, lo que realmente importa es el amor y la motivación con que actúa. Para mí, esa visita fue enviada por el cielo. ¡Quién sabe lo que hubiera pasado si no hubieran llegado, pues veía bastante mal a mi esposo! Deseaba que llegaran mil personas a consolarnos, pero nuevamente el Señor nos muestra que solo él puede dar la fortaleza, por dura que sea nuestra aflicción. La primera lección aprendida esa noche fue: «A pesar de todo, Dios es Dios y él te saca adelante». No porque la situación termine, sino porque a pesar de estar pasando por el horno, el Señor nos sostiene y trabaja en esferas de la vida, manteniéndonos la esperanza. Sí, se puede. No es fácil. No será lo que la carne desee, pero el Espíritu lo guía a seguir alabando y glorificando a ese Dios que supera cualquiera de nuestros problemas.

En aquellos días comencé a hablar con algunos de los líderes cristianos muy conocidos. Sabía que necesitábamos todo el apoyo en oración que fuera posible, de modo que de pronto la voz se corrió. Líderes desde sitios tan lejanos comenzaron a interceder por nosotros. Comenzamos a recibir llamadas, cartas o faxes diciéndonos lo mucho que estaban orando, junto con sus congregaciones, por nosotros. Todo el apoyo que se nos brindó fue increíble y muy necesario. Constantemente los líderes de nuestra congregación nos levantaban en oración. Como cada uno de ellos había conocido a Paola, sabían el tipo de situación que viviríamos.

Probablemente se preguntaban muchas cosas, pero son personas a las que admiro, quiero y respeto profundamente. En definitiva, junto con las posibles dudas y preguntas que tenían acerca de nuestra situación, también tenían la disposición de ayudarnos cuando lo necesitáramos. Una vez por semana los hombres tenían oración y les tocaba orar en diferentes casas de los líderes. Después de varias horas de intercesión, se terminaba con una comida, turnándonos cada semana. Cuando llegaba mi turno, me encantaba ver cómo oraban por toda mi familia. Me gustaba porque ese día podían estar cerca de mis hijas, visitar mi casa y orar intercediendo por nosotros. Esto me edificó grandemente y fue una experiencia que sirvió para cambiar muchas de las cosas que a partir de entonces nos tocaría vivir.

El apoyo de los líderes es indispensable. Sé que a veces fallamos al no darles más atención a los necesitados, pero de alguna manera, si uno se acerca a los líderes o pastores, si se permanece bajo su guía, la bendición se presenta y se reparte de alguna manera para aliviar nuestra pena agobiante.

Con Paola, a mí me insistían en que buscáramos un grupo de apoyo con personas que tuvieran hijos con la misma enfermedad de mi hija. Me fue imposible encontrar siquiera a una con el mismo problema. Mi apoyo fue mi iglesia, sus líderes y las personas que amablemente se acercaron a darnos una palabra de aliento. Quizá el líder o pastor no le pregunte a cada rato cómo está, o qué ha pasado con su problema. No se moleste, acérquese y converse con él. En muchas ocasiones, debido a lo enorme de la congregación uno se olvida del nombre, del rostro o del problema. Pero no se desanime y dígale todas las veces que sea necesario, cómo va su asunto y goce de su cobertura espiritual. Todos necesitamos de la cobertura espiritual. No se puede andar por la vida como el llanero solitario. Nada mejor que los que están en posiciones más altas que nosotros nos guíen, exhorten, aconsejen y hagan una oración por nosotros.

9

SIN TIEMPO QUE PERDER

Mi única meta era hacerle la vida más llevadera a Ericka y disfrutar al máximo de sus buenos tiempos. Y eso hice. Ericka era preciosísima, verdaderamente una belleza de niña. Ericka comenzó a hacer cosas a muy temprana edad y quise estimularla mucho, cuanto antes, pues sabía que llegaría el momento en que esto sería imposible de hacer. Era muy despierta, e hizo cosas con mayor rapidez que Paola. Sin embargo, deseaba con todo mi corazón no sufrir más de lo que ya sufría, ni ver sufrir a mi hija como lo vi con Paola. Así que pasados unos días, hablé con Fernando para discutir con él la manera de dar una mejor calidad de vida a mi hija.

A esas alturas, aún no se observaba ningún síntoma alarmante, pero no quise esperar. Fernando fue muy sincero: «Ya que en México tenemos tan poca información de esta enfermedad, sugiero que analicen a Ericka en Estados Unidos. Les puedo recomendar con alguien allá para que le hagan los estudios necesarios y nos puedan dar mejores resultados que los obtenidos aquí con Paola y quizá podamos saber algo que aquí no sería posible...».

Lo pusimos en oración y Dios, en su fidelidad, abrió las puertas de manera increíble. Teníamos una amiga que vivía en Los Ángeles, quien nos puso en contacto un médico especialista en esta enfermedad. Mi hermano Roberto y Tina, su esposa, radicaban en Los Ángeles y, para sorpresa nuestra, cuando les mencionamos el nombre del hospital donde laboraba este médico, resultó ser el mismo donde Tina trabajaba.

«Es un hospital de lo mejor, el más prominente», nos dijeron.

Al oír esto supimos que la voluntad de Dios era que fuéramos a ver todas las posibilidades y no dudaríamos en hacer todo lo posible por encontrar algo que ayudara a nuestra hija. Estoy convencida de que Dios sana. Nunca lo he puesto en duda. Sin embargo, no creo que Dios esté peleado con los médicos, ni con los avances científicos. Mi confianza no estaba en ello, sino en el Señor que nos guía y nos hace tener este tipo de contactos. Jamás dudé que Dios pudiera sanar a mi hija sin necesidad de médicos, como tampoco sentí oposición alguna de que hiciéramos todo lo que esta crisis nos demandaba y, por supuesto, Dios ya se había llevado toda la gloria por Su dirección. Partimos a Los Ángeles dejando a nuestra Rebequita, que todavía no comprendía lo que estaba sucediendo. Esta sería la primera vez que la dejaríamos tanto tiempo. ¿Qué nos sucedería o cuánto tardaríamos? No lo sabíamos. Nuestros pastores fueron un apoyo inmenso junto con los demás líderes, quienes nos cubrieron tanto con sus oraciones como económicamente. ¿Qué puedo decir de los jóvenes tan bellos? Nos despidieron con amor y con palabras cargadas de aliento y de esperanza. Recuerdo en especial lo que nos dijo un joven que nos ama mucho: «Soy maestro de niños en la Escuela Dominical y estoy seguro de que le voy a dar clases a Erickita. Tengan confianza, cuando regresen de Los Ángeles nos darán el testimonio de la sanidad de su hija...».

10

EN LOS ÁNGELES

Ansioso, Roberto nos esperaba en el aeropuerto. Deseaba conocer a su nueva sobrina. Su reacción produjo impacto. Al verla, se vio a sí mismo, pues era muy parecida a él y a Vivi, mi hermana. Roberto nunca quiso tener hijos. De hecho no los soportaba, pero el ver su reacción entusiasta con Ericka fue para mí un honor. La cargó con ternura y la hacía reír. En aquel entonces, Ericka tenía unos cuatro meses y era muy sonriente. Reaccionaba a todos los estímulos que le rodeaban. Tina también reaccionó de manera parecida. La traía para arriba y para abajo, presentándola por todo el hospital: «Es mi sobrina», decía con orgullo a todo aquel que se le atravesara, «¿no es preciosa?». Cuando salíamos a comer o a cualquier otra parte, Roberto y Tina parecían los padres de Ericka. La gente paraban a Roberto y a Tina constantemente para hacerle gracias a Ericka que iba en su carrito. «¡Qué hermosa niña tienen!», les decían, y ellos disfrutaban de esta nueva experiencia. Por supuesto que a la hora de cambiarle el pañal o darle de comer, me tocaba ser la mamá.

Comenzaron los estudios de sangre y nos interrogaron exhaustivamente sobre nuestro historial médico. Cuando se enteraron de que ya habíamos tenido una niña con la misma enfermedad, nos miraron como si fuésemos extraterrestres. Se interesaron sobremanera y nos pidieron los estudios hechos a Paola en México.

Eso fue un martirio. Mi Paola ya tenía tres años de fallecida, y de alguna manera me la resucitaron al interrogarnos detenidamente sobre ella. Deseaban saberlo todo. Al hablar conmigo se sorprendían de todos mis conocimientos sobre la lipidosis. Me dio la impresión de que pensaban que por venir de un país tercermundista, rústico y retrasado, veníamos a buscar la cura que no puede existir en un sitio poblado de charros y de indios durmiendo bajo los rayos del sol. Alguien sugirió un trasplante de médula. Dije que yo me había opuesto con Paola porque se nos había dicho que dentro de un año seguiría igual.

«Señora», dijo el galeno soltando un suspiro de impaciencia, «si usted viene aquí, es solo porque en su país no pudieron hacer nada. Nosotros vamos a determinar lo que se debe hacer. ¿De acuerdo?».

Se le hizo la punción de médula ósea.

A nosotros nos extrajeron sangre y a los pocos días nos citaron una serie de doctores y genetistas para darnos el veredicto en un ambiente que parecía más de sentencia que de resultados médicos. Para esto, ya habían transcurrido tres semanas y la desesperación comenzó a hacernos mella. Por fin, había llegado el día. ¿Acaso habría algo que pudiera mejorar la situación de Ericka? Ahí entendí más de la enfermedad de mis hijas. Me ampliaron el panorama, aunque el resultado sería el mismo.

—Ustedes tienen un nivel muy bajo de una enzima llamada esfigomelanilaza. Viven una vida normal, pero en ambos esa enzima es baja. Al tener un bebé, ese bebé en el vientre vive con esa poquita enzima que la madre le pasa por el cordón umbilical. Sin embargo, al salir del vientre, la criatura no tiene casi nada de esa enzima y así no puede vivir. Esa enzima hace que las células grasosas y toxinas se puedan eliminar del cuerpo. Al no hacerlo, se retienen y se acumulan primero en el hígado y luego en el bazo. Por eso Ericka los tiene dilatados. Después estas toxinas invaden acumulándose en todo el cuerpo. Neurológicamente la afectarán, pues a causa de las toxinas, las neuronas dejan de recibir señales que el cerebro pasa, pero no responden porque están llenas de esas toxinas...

Después nos dijeron que la genética no tiene memoria. Que les parecía increíble que nos hubiera vuelto a suceder, algo así como echar una serie de monedas al aire y todas cayeran en cruz, y que si deseábamos volver a tener otro bebé, esta vez no ocurriría. Para estar seguros, había que saber si el bebé venía o no sano. Además, se podían separar los óvulos fecundados y saber cuál era el sano e implantarlo (microabortos, en pocas palabras). Siguieron diciendo cosas parecidas hasta que los interrumpí:

—Yo solo quiero saber si hay algo para que mi hija no sufra tanto...

Se oyeron carraspeos.

—Bueno —dijo uno de los especialistas—, hay investigaciones avanzadas sobre la lipidosis de Nieman-Pick. Se está tratando de sintetizar la enzima. Ustedes se enterarán de que hay cura, pero a su hija no le va a tocar.

—La niña no va a vivir más allá de tres o cuatro años. Cuando ya no pueda comer, podemos hacerle una sencilla operación para alimentarla por medio de sonda...

—O cuando llegue el tiempo de crisis, puede descuidarle alguna infección para que el final sea más rápido...

No podía creer lo que estaba escuchando. Estaba helada, petrificada de escuchar su lejanía con el dolor ajeno. *Nos hubiéramos quedado en México*, pensé. *Cuando menos Fernando nos dice las cosas de manera más tierna y no tan cruda.*

Concluí que los genetistas, de tanto investigar enfermedades raras, sus mutaciones y ramificaciones, pierden por completo el contacto humano. Los ojos comenzaron a arderme por las lágrimas. De pronto, me puse de pie y les dije con marcada ironía:

—Ustedes no han de dormir pensando en todas estas cosas, ¿o sí?

Recuerdo que había una genetista que había atendido a Ericka todo ese tiempo que estuvimos en el hospital. Se encariñó mucho con ella y le hacía sonreír festejándole. Después de darnos los resultados y tan pronto como todos los médicos se marcharon, ella se quedó y lloró conmigo.

—¡Cuánto lo siento! —dijo, mientras se enjugaba las lágrimas—. Odio esta parte de mi trabajo, pues por lo general damos buenas nuevas a los padres... No me gusta verlos sufrir y mucho menos a los bebés. Su niña es preciosa, de verdad que lo siento...

Yo lo sentía más. Aquella eminencia de doctor, aquel especialista de la enfermedad, aquel otro que nos dijo que ellos decidían lo que se iba a hacer con mi hija, nunca nos dieron la cara. Al preguntarles a otros médicos sobre la posibilidad del trasplante de médula, de plano nos sacaron un libro y comenzaron a decirnos que en mil novecientos y tantos casos en que se trató de realizar esa operación a un niño que padecía dicha enfermedad al año estaba igual.

—Ah, ¿no era entonces lo que les estaba diciendo?

—Pues sí, señora. La verdad no hemos avanzado mucho en esta enfermedad. Lo que podemos informarle se encuentra en estos libros, y eso solo son casos aislados, pues no todos se registran...

Se me hizo todo muy primitivo. Esperaba que en esos libros hubiera más avances o consejos. Pregunté muchas cosas, entre ellas si era bueno o no darle terapia de ejercicios a la niña. Me dijeron lo que ya sabía.

—Mientras la niña esté respondiendo, sí, pero en cuanto le incomode y llore, será mejor abandonarlos, pues estas criaturas no soportan ejercicios en el momento en que comienzan a deteriorarse...

¡Qué tristeza! No había nada nuevo. Ya todo lo sabíamos.

Erick había enfermado terriblemente desde nuestra llegada a Los Ángeles. Casi todo lo tuve que hacer yo, en gran parte porque domino mejor el inglés, pero como anoté antes,

Erick había cambiado. Desde entonces, percibí que no quería involucrarse demasiado, quizá para no sufrir tanto. De modo que se encerraba o se la pasaba durmiendo, tal vez para escaparse. Después averigüé que esta era una señal clara de depresión. Erick seguido se sentía mal físicamente y era difícil para mí, pues me parecía que era sobrecargarlo cuando no podía ayudarme. Sin embargo, íbamos juntos a todas partes, aunque él solo permanecía como oyente. Sufría tanto por su bebé, por él y por mí, que sus defensas físicas y espirituales mermaron y se enfermó. Le vuelvo a dar gracias a Dios por la familia del Señor, pues es maravillosa y, aunque pensemos que no necesitamos a nadie, no es así. Roberto y Tina no son cristianos. Son unas personas maravillosas que nos atendieron y nos ayudaron como nadie, pero nos hacía falta la convivencia con cristianos. Pasada la primera semana en Los Ángeles, buscamos a un pastor que en alguna ocasión había asistido a nuestra iglesia durante algún seminario. A él y a su esposa los tratamos de localizar y cuando por fin lo logramos, les dijimos todo lo que hacíamos ahí. De inmediato vinieron por nosotros. Para nada vivían cerca, pero no les importó recorrer una gran distancia. Nos invitaron a comer y a pasar el día con ellos. Fueron un refrigerio para nuestras almas; nos llevaron a su iglesia. Pastores y congregación oraron por nosotros y me permitieron cantar mientras estuvimos en sus reuniones. Aquello nos bendijo tanto que las palabras no alcanzan para agradecerles su hospitalidad. Una noche, en la que tenían una actividad en la iglesia, nos dieron refugio en su casa e insistieron en que nos quedáramos con ellos. Fueron de gran ayuda, ministrándonos al decirnos palabras que han quedado grabadas en mi corazón: «No se den por vencidos. Dios tiene la última palabra y siento que ustedes ya enterraron a su hija cuando todavía tiene vida...». Era cierto.

¡Gracias, Art y Joanna, por lo que hicieron por nosotros!

Cuando nos dijeron que Ericka no viviría más allá de los tres o cuatro años, recordé el funeral de Paola y agonizaba pensando en el de Ericka. Sin embargo, sentía que Erick sí estaba pasando por un tiempo de luto. Él ya había enterrado a Ericka en su corazón. Todos los planes e ilusiones forjados para su hija se habían enterrado para no atravesar el penoso y doloroso trecho que nos esperaba. Por eso, prefirió ausentarse y alejarse de la pena, permaneciendo ajeno a todo para no sufrir más de lo que ya sufría. Art nos ministró y dijo las cosas que tenía que decirnos, haciéndonos reaccionar positivamente. Dios tenía la última palabra sobre Ericka y nosotros debíamos reconocer Su señorío, Su majestad, Su poder y saber que Él era suficiente, nadie más. «Bástate mi gracia, porque mi poder se perfecciona en la debilidad».

Si pudiera recalcar algo, es la importancia de lo que podemos ser en el cuerpo de Cristo. ¡Qué bendición se recibe cuando alguien nos visita, ora por nosotros, nos apoya, nos escucha y nos levanta, aceptándonos tal y como somos! Nos necesitamos aunque Dios es nuestro todo. Es muy bueno habitar los hermanos en armonía. Quizá no nos den una respuesta, ni nos quiten un problema, pero el hecho de distraerle, de invitarlo a comer o de hacerse cargo de los hijos para tener un momento a solas, es una ayuda inapreciable de la familia de Dios.

Eddy, Vivi y mi mamá no dejaban de llamarnos. Querían saberlo todo y nos animaban con sus palabras de amor y de apoyo. No cabía duda de que estaban tan angustiados y confundidos como nosotros. Su apoyo, sus oraciones y su sostén fueron indispensables.

Roberto era el que no entendía mucho. En cierta ocasión nos dijo: «¿Cómo se les ocurrió embarazarse conociendo los riesgos que corrían?».

Esto me sacó mucho de onda, pero recordé cómo habíamos tomado esta decisión. Cuando uno ha tenido un hijo enfermo y le dicen que tiene un setenta y cinco por ciento de las probabilidades de que todo salga bien, el veinticinco por ciento restante se le hace poco. Es cuestión de reacciones. Para otros que conocen el riesgo como parte de la vida, no hay dudas en su mente. Son riesgos que uno corre, sabiendo que traerán consecuencias, pero poseyendo la madurez necesaria para enfrentarlas si se presentan. No se puede correr el riesgo para luego en el momento crítico dejar la responsabilidad a otro. Uno mismo debe enfrentarlos. Por supuesto, causa dolor a muchos más, no solo a la familia inmediata de uno. Pero no había dudas, ni zozobra, ni angustia, sino una certeza de que Dios estaba incluido en nuestros planes y Él jamás se equivoca.

No quiero meterme en el tema de que si Dios lo permite o no; tampoco voy a discutir si Dios lo sabía o no lo sabía. ¿Por qué entonces envió a Ericka así? Para mí solo existe una explicación que me hace entender esto: vivimos en un mundo en decadencia desde que el pecado entró en él. Si Dios nos mostrara de cuanto nos libra, no quisiéramos ni salir de nuestras casas. A Dios no se le pasó ni se quedó dormido. Simplemente, Erick y yo tenemos bajo un nivel de enzima y esto hizo que nuestras hijitas nacieran con este defecto genético. Oramos para que el Señor hiciera un milagro, que nos mostrara cómo y en dónde se podía adquirir esa enzima. Oramos con todas nuestras fuerzas y sí, muchas veces deseamos una explicación para librar a nuestra conciencia de culpas.

Es muy cómodo pensar que a lo mejor uno de los dos anda en pecado, o que alguno no tiene fe. En esos momentos, gran cantidad de ideas atraviesa el cerebro.

Para mí «hubiera» ya no cabe en mi mente después de que uno decide algo. No le pedía a nadie que me quitara responsabilidad ni que mantuviera a mi hija. No culpaba a nadie ni esperaba que otra persona hiciera lo que me correspondía a mí, así que traté de explicarle a Roberto de la manera más sencilla posible, cosas que de entrada no entendería: lo que se tiene que vivir para saber que no hay decisión sin consecuencias. Decidimos tener otro bebé y viniera como viniera, no lo íbamos a abortar. Ericka era una bendición, la enfermedad no, pero ella era mi niña esperada y amada y le daríamos la oportunidad de vivir lo mejor que se pudiera, en un ambiente de aceptación y amor como ningún otro niño tendría.

Dios sigue sentado en su trono, sigue siendo Dios; Él nos sigue protegiendo y sigue siendo majestuoso. Aunque el diablo es el padre de la mentira, quiere hacer ver a Dios como mentiroso. Dios no se deja afectar por las circunstancias. Él no descansa ni duerme y está más interesado en nosotros, en nuestros hijos y en nuestros problemas, que nosotros mismos. El Señor no se preocupa por el «qué dirán»; usa todo para su gloria, con o sin nosotros. Pensemos lo que pensemos, él siempre tiene la última palabra sobre nuestras vidas, pues le hicimos Señor sobre ellas, ¿o no? Le dimos el control y le entregamos las riendas de nuestras vidas, incluyendo también a nuestros hijos. ¿Es Señor de todo, o nada más que de un pedacito de nuestro ser? ¿Es sabio siempre, o solo cuando nos bendice? Él es digno de ser amado y alabado porque él nos amó primero y nos ha hecho sus hijos, a pesar de lo que somos y hacemos.

En este asunto tenemos mucho que aprender. Se predica de la sanidad —en la que creo—, la prosperidad —en la que también creo— y en la bondad de Dios, pero raras veces se habla de las cosas que Dios permite que nos pasen y que jamás entendemos por qué nos suceden. Una cosa es cierta: él sigue siendo Señor, ¿o lo vamos a destronar a cada momento cuando algo no nos parece bien? Yo no tenía problema con esto, simplemente sabía que así como con Paola aprendimos muchas cosas y salimos adelante a pesar de lo vivido, Dios no nos abandonaría ahora. Todavía tenía mucho que trabajar con nosotros y no desaprovecharía tan buena oportunidad para hacerlo.

Quizá Roberto no entendió muchas de las cosas que dijimos o hicimos, quizá él no fue el único que se preguntó esto, de eso estoy segura. Cada cual tiene su propia visión de la vida y de las decisiones que toma. Eso sí, la paz que sentimos cuando le pusimos ante Dios nuestro deseo de tener otro bebé fue tan real, como la que sentimos al saber que yo estaba embarazada. Puede uno angustiarse, dolerse de la situación, sentirse mal y muchas veces desesperado y aun así, en medio del horno de la aflicción, no perder la paz y el gozo que Dios le da para seguir adelante enfrentándolo todo, sabiendo que hay cosas que solamente puede hacer uno mismo y nadie más. Es algo que se llama contentamiento, muy diferente a la resignación o al conformismo. Estar conforme es adaptarse a lo que venga; resignación es sumisión a la voluntad de otro. Es decir: «Bueno, ya ni modo, que pase lo que sea, la voluntad de Dios». No. Contentamiento es estar satisfecho a pesar de lo que uno está viviendo, es estar más alegre, contento con lo que tiene, sea bueno o malo. ¡Atención! No es decir: «Ay, estoy contento por la forma en que el diablo me está zarandeando.» No es pasividad, es luchar en contra de lo que el diablo quiere hacerle, que es robarle la paz y el gozo. Estar contento es lo que Pablo escribe en Filipenses 4.11–13 (NVI):

> *No digo esto porque esté necesitado, pues he aprendido a estar satisfecho en cualquier situación en que me encuentre. Sé lo que es vivir en la pobreza, y lo que es vivir en la abundancia. He aprendido a vivir en todas y cada una de las circunstancias, tanto a quedar saciado como a pasar hambre, a tener de sobra como a sufrir escasez. Todo lo puedo en Cristo que me fortalece.*

También en Hebreos 13.5–6 (NVI) hay un mensaje que me encanta:

> *Manténganse libres del amor al dinero, y conténtense con lo que tienen, porque Dios ha dicho: «Nunca te dejaré; jamás te abandonaré.» Así que podemos decir con toda confianza: «El Señor es quien me ayuda; no temeré. ¿Qué me puede hacer un simple mortal?».*

¿Cómo contentarse con tan tremenda situación? ¿Cómo permanecer gozosos y con la fe de que Dios tenía todo el control de nuestras vidas si teníamos tan presente lo vivido con Paola? ¿Cómo estar alegres al tener frente a nuestros ojos una hija bella que no tardaría en cambiar su sonrisa por un rictus de dolor para luego marchitarse lentamente? ¿Cómo mantener el equilibrio cuando estábamos volviendo a vivir una situación en la que preferíamos ser nosotros los que sufriéramos y no nuestra bebita?

Teníamos que hacerlo. Tendríamos que buscar en Dios el contentamiento, no por lo que estábamos pasando, sino a pesar de ello. Probablemente se ha observado que utilizo en demasía «a pesar de», pero es importante destacarlo, a pesar de lo que le esté atribulando, puede estar contento. Pueden ayudar mucho los factores, pero el más importante es salir adelante con la frente en alto, sabiendo en quién está confiando y que a pesar de las malas noticias, puede permanecer con una entereza sobrenatural, pues el contentamiento y el salir adelante no sale de nosotros; es lo que añade Dios a nuestras circunstancias: su poder, su soberanía. Lo que atravesamos en lo natural, lo podemos enfrentar contentos con lo sobrenatural de Dios. Sin él, sencillamente no podríamos hacer nada.

Pensando en mi testimonio y en cómo era antes, probablemente sin conocerlo a él, hubiera «agarrado la jarra» para ahogar en alcohol mis problemas, y a saber qué clase de mamá hubiera sido. Quizá me hubiera suicidado o arrojado el problema a quien se dejara. Sin embargo, aunque triste y llorando, pero no vencida, tomé al toro por los cuernos con solo esa fuerza que nos da el Señor de los ejércitos.

11

Luz en la noche oscura del alma

Como a Ericka ya no había nada más que hacerle, decidimos regresar a México, ya extrañábamos terriblemente a Rebeca. El recibimiento fue fenomenal y también mi familia nos esperaba con gran amor. Muchas personas nos dieron la bienvenida, pues sabían lo sucedido y estaban dispuestos a apoyarnos en la batalla. Nos animamos mucho, pues las oraciones de tantas personas habían sido nuestro sostén durante los tiempos de incertidumbre y soledad. Ahora era un refrigerio volver con nuestra Rebeca que nos había echado de menos tremendamente, como también con los jóvenes ansiosos de oír lo que había pasado y cuyo afecto nos alentaba.

Rebeca percibía nuestra muda angustia y preocupación. Sacarla adelante se había vuelto otro de mis retos, pues con lo que nos esperaba, su vida se podría ver afectada en todos los planos. Ahora bien, quiero dejar claro que no habíamos perdido la guerra, ni nos habíamos resignado a una vida horrible, impregnada de dolor. No, confiábamos en que Dios podría sanar a nuestra nena. Sabíamos que él lo podría hacer y se lo pedíamos, pero conforme pasaba el tiempo y no se manifestaba esa sanidad, nos fuimos preparando para enfrentar lo que ya conocíamos por Paola: días difíciles.

Rebeca no tardó en darse cuenta de que Ericka recibía atenciones que a ella no se le prodigaban. Todos querían orar por Ericka y todos preguntaban por ella. Pero para Rebeca, ni un lazo. Tuvimos que cuidarnos mucho para no herirla, dada su extrema sensibilidad y de mantener un equilibrio de amor y atenciones entre ambas para evitar un sentimiento de preferencia hacia una o de rechazo hacia la otra.

Tengo una familia unida y con un sentido del humor privilegiado. Son muchas las cosas que nos mantienen unidos y cualquiera corre a ayudar al otro, como lo estaba yo viviendo en ese momento. No puedo decir que mi mamá o mis hermanos sean insensibles al dolor, pero nunca ha faltado una palabra de aliento, una ayuda práctica, mucho amor y hasta un chiste. Es el don de ver la tempestad sin perder el gozo.

Hoy veo esas fotos una y otra vez. Cuando mis hijas estaban sanas, cuando sonreían, veo a mis hermanos hacer lo imposible por llamarles la atención y arrancarles una sonrisa para la foto y, aunque nunca lo mencionamos, todos pensamos lo mismo: «Voy a disfrutar a esta bebita todo lo que se pueda». Al ver a mis hermanos hacer esto, se creaba en mí un sentido de seguridad, de saber que no luchábamos solos, que ellos también cargaban con nosotros esta situación, que de estar solos nos hubiera aplastado. Si uno supiera que tiene poco tiempo para disfrutar a los hijos, haría lo imposible por crearles memorias a ellos y a uno mismo, para luego recordar esos momentos que ya jamás regresarían. Es muy importante disfrutar a los hijos. Sé que cada hijo tiene problemas distintos, pero si usted supiera que pronto el Señor los iba a llamar a su presencia, ¿cómo actuaría con ellos? Creo que los disfrutaría al máximo, en vez de perder el tiempo peleando o tratando de hacerlos a su manera.

Es importante apreciar esos momentos que vienen y se van. Podrá rodearlos un océano de malas noticias y aflicciones, pero existe un salvavidas que nos mantiene a salvo (sin dar importancia a lo turbulento del mar) que nos impide ahogarnos en las tristezas y amarguras. El Señor brinda ese salvavidas que nos llena de buen humor, nos rodea de amistades y de familia y nos da momentos gozosos.

Por ello insisto en que aprendamos a valorar a nuestros hijos en todo tiempo. Sí, algunos serán haraganes, otros tímidos, unos tendrán hábitos que nos obligarán a trabajar horas extras para quitárselos, otros obedientes, algunos con habilidades extraordinarias. En fin, todos muy diferentes. Hay que localizar las debilidades y fortalezas de cada uno para ayudarles a salir adelante y sobre todo aprovecharlos, pues no sabemos el tiempo que Dios nos permitirá estar con ellos. No es fatalismo, es una realidad. No tenemos la vida comprada y para evitar el amargo «hubiera» hay que hacerlo hoy...

Estaba dispuesta a crearles recuerdos a mis hijas para que cuando evocaran su infancia, pudieran decir que, a pesar de todo, la tuvieron dichosa y llena de belleza. Cada acontecimiento, sobre todo con Rebeca que ya asistía a la escuela, me esmeraba en hacerlo particularmente único y especial, pues ella estaba muy pendiente de la atención que le brindara. Tuve mucho cuidado de no olvidar alguna fecha significativa ni algún suceso importante para ella. En cuanta fiesta, clase abierta o festival se organizara en torno a Rebeca, ahí estaba yo y a veces Erick. Sabía que vendrían los días en que sería difícil moverse con Ericka, de modo que mientras se podía ir, íbamos a todo.

Le animo a que aproveche esos momentos. La vida se va muy rápida, y es de gran satisfacción mirar atrás y ver todo lo hermoso que uno dejó en la memoria de los hijos. Recuerdos que harán de su infancia y de su juventud algo digno y bonito de recordar.

12

DE REGRESO
A LA RUTINA

Pronto regresamos a la rutina. Rebeca volvió a la escuela y con ella las interminables quejas por su conducta, la cual parecía ir empeorando con los días. Sin embargo, era una bendición que estuviera en la escuela de la iglesia, donde nuestra situación ya era conocida y gracias a lo cual, las quejas se espaciaran un poco más, dándonos una tregua. Tampoco faltó quien nos ofreciera ayuda dentro del mismo plantel. Que Dios los bendiga.

Lo que me sorprendió a nuestro regreso a los grupos en casa fue hallarme a muchísimas personas enojadas, furiosas con Dios. Varias veces escuché cosas como estas: «¿Cómo es posible que Dios haya permitido que les pase esto a ustedes que lo sirven a él?». La indignación era genuina. Otro más llegó a decir: «No puedo seguir adelante. Si a ustedes, que son personas entregadas y que le sirven a él les pasa esto, ¿qué puedo esperar yo?».

Comentarios similares se multiplicaron. Yo no estaba enojada con Dios, ni mi pregunta era: ¿Por qué? ¿Por qué a mí? La verdad es que llegué a pensarlo pero, ¿qué tal si me contestara: Y ¿por qué no? ¿Por qué no a ti? ¿Qué tal si agregaba: «Es para que consuelen a otras personas que están pasando por lo mismo»? Dios es soberano, pudo haberme contestado así. Después de todo, en su Palabra lo dice:

> *Alabado sea el Dios y Padre de nuestro Señor Jesucristo, Padre misericordioso y Dios de toda consolación, quien nos consuela en todas nuestras tribulaciones para que con el mismo consuelo que de Dios hemos recibido, también nosotros podamos consolar a todos los que sufren. Pues así como participamos abundantemente en los sufrimientos de Cristo, así también por medio de él tenemos abundante consuelo. Si sufrimos, es para que ustedes tengan consuelo y salvación; y si somos consolados, es para que ustedes tengan el consuelo que los ayude a soportar con paciencia los mismos sufrimientos que nosotros padecemos. Firme es la esperanza que tenemos en cuanto a ustedes, porque sabemos que así como participan de nuestros sufrimientos, así también participan de nuestro consuelo (2 Corintios 1.3–7 NVI).*

Todos buscamos respuestas para acallar nuestras conciencias. Luego decimos: «Si fulano está pasando por esa desgracia, es porque seguramente anda en pecado». ¡Ah! Soltamos un suspiro de alivio. «Claro, Dios no falla, el hombre sí, por eso le vino lo que le vino, y como yo no pienso caer en lo que fulano cayó, a mí entonces no tiene por qué sucederme eso jamás». Como si necesitáramos una respuesta tangible y lógica para no rebelarnos contra él. No dudar de seguir en el camino o tener confianza. Lo curioso es que yo no estaba enojada. Tuve que consolar a muchas personas que estaban enojadas por mi situación, porque les parecía injusto lo que me pasaba, *siendo yo tan justa...* Bueno, no siempre se tienen todas las respuestas. Quizá cuando estemos en la presencia de Dios podamos preguntarle el porqué de algunas cosas, aunque ya no tendrá mucha importancia hacerlo, pues habremos llegado a la meta. Dios sigue siendo Dios. Él usa cada problema y cada situación para sacar lo mejor de nosotros, para hacernos crecer, madurar y valorar las cosas. Todo lo usa para nuestro bien. Es ridículo enojarse con él en situaciones así, pues es cuando más lo necesitamos. Nos enemistamos con Dios en los momentos en que definitivamente no podemos hacer nada, solo dejarnos caer en sus brazos, dejar que su amor y su consolación fluyan, que su amor, su paz y su gozo nos abracen, sentir que él está en control de todo y que sí vamos a poder seguir adelante. Él conoce su potencial y sabe de sus límites. Hay cosas que Dios aprovecha de las situaciones inexplicables para cambiarnos, y eso generalmente lo vemos después, cuando ya todo pasó y ni cuenta nos damos del cambio que ya fue realizado. Sin embargo, durante la prueba, la aflicción, el horno candente de la tribulación, él desea que escuchemos su voz diciendo: «Tú puedes, eres mi hijo, tienes la fuerza para seguir adelante...». Y desfallecemos musitando: «Ya no puedo más». «*Puedes. Yo te conozco, mis ojos vieron tu embrión, tienes el poder de vencer esto porque yo te hice. Eres mío...*».

Y uno revive. Alguien maravilloso cree y confía en usted. ¿Para qué cuestionarse tanto si Dios lo permite, o si alguien está en pecado (en una situación así, uno se arrepiente hasta de lo que no hizo)? El temor, la angustia y la condenación no vienen de Dios. El diablo es quien trae la incertidumbre y logra hacernos enemigos de Dios por medio del enojo, de la amargura y de compararnos con los impíos a quienes les va tan bien, que todo lo tienen resuelto y son prósperos. Mientras que acá nosotros, los pobres cristianos, somos víctimas predilectas del sufrimiento. Una vez lanzada una mirada de envidia a los paganos, el diablo ya se habrá anotado una batalla a su favor.

No soy mujer poseedora de una gran fe. Por el contrario, soy débil en muchas cosas y, quizá como usted, también caí, lloré y me desesperé, pero al recordar que sin Dios no hay nada que podamos hacer, volvía una y otra vez a buscar el amparo de sus brazos, y él siempre extendió sus manos, nunca me las cerró. Cierto, de repente, en medio de la soledad, necesitaba un apoyo, un pequeño empujón, y solo hallaba frases hechas, palabras vacías o religiosas. Por ello, el Señor manda a quienes menos esperamos en su tiempo.

El diablo no se dio por vencido e insistió en robarme mi paz y mi gozo. Después de todo, ya conocía esa prueba... pero sentirla de nuevo, verla entrar otra vez a mi casa, no fue sencillo. Con sutileza el adversario quería ponerme su pesado yugo de opresión, de incertidumbre, de muerte y, por supuesto, de resentimiento contra Dios. Conmigo no iba a poder. Había cambiado, no era la misma y sabía que: «Mayor es el que vive en mí que aquel que anda en el mundo». Definitivamente, no me iba a dejar devorar tan fácilmente. Lucharía.

13

LLUEVE SOBRE MOJADO

De nuevo tuvimos que tomar decisiones ante la avalancha de personas cargadas de las mejores intenciones que nos ponderaron y recomendaban a sus médicos. Ignoraban que habíamos ido y regresado de Estados Unidos en busca de algo nuevo para Ericka.

Nos rogaban que fuéramos a ver a ALGUIEN, que no dejáramos pasar el tiempo. Sin duda, pensaban que no estábamos haciendo nada y después del enésimo: «Gloria, por favor, llévala con esta persona porque no hay peor gestión que la que no se hace», me daban ganas de contestarles muchas cosas. Sin embargo, aprendí que lo mejor era sonreír y agradecer las buenas intenciones.

A veces, nada más decía: «Mira, dile a tu médico que mi hija tiene lipidosis de Nieman-Pick, si él conoce de algo que pueda hacerse, dímelo y con gusto iremos...».

Muchas personas ya no volvieron a decirnos nada. Seguramente sus doctores les habían dicho de lo grave del asunto. También visitamos homeópatas. Gente que había investigado «aminoácidos de quién sabe qué» y médicos con supuestos paliativos. Acudimos a todas estas citas, bajo presión, para que no se pensara que no hacíamos nada por nuestra hija o porque la consulta había sido pagada de antemano por personas llenas de sincero amor y movidas a compasión. Una y otra vez oíamos lo que ya sabíamos. Nos retirábamos agradecidos por su genuina preocupación.

No tardaron en desaparecer los súper médicos, los inventos o las curas milagrosas. Yo solo tenía paz y confianza en Fernando, nuestro pediatra. Confieso que soy la primera en recomendar a todos mis médicos. No me opongo a que ofrezcamos ayuda, pero démosles libertad a las personas o permitámosles preguntar si sabemos de alguien que pueda ayudarles. Para mí es más que obvio que cualquier padre con un bebé enfermo, ya hizo **todo** lo que había de hacerse para sanar a su hijo. Y agotados los recursos, hay personas que incluso acuden a lugares equivocados. ¿Habrá alguna madre, algún padre, que no haga nada por aliviarle el dolor a su vástago?

Necesitamos darles libertad a los padres afligidos y por sobre todo, respetar sus decisiones. No presionemos a los que ya cargan sobre sus hombros el pesado flagelo de tener un hijo enfermo. Dios los guiará a la persona indicada como lo hizo con nosotros.

Ya no surgieron más profetas, ni gente con visiones o sueños en cuanto a la sanidad de Ericka. Muchas personas que habían conocido a Paola se hallaban perplejas, confundidas y se apartaban de nosotros sin saber qué decir. Creo que ayudó mucho seguir adelante con nuestras actividades como si nada hubiese ocurrido. Nos veían felices con los jóvenes, gozándonos con nuestra familia, haciendo lo que siempre habíamos hecho.

Otros se sentían mal por nosotros. Evitaban preguntar cómo iban las cosas. Se imaginaban lo que estábamos pasando y se angustiaban discretamente por ello. Lo que debo agradecer enormemente son las oraciones de conocidos y desconocidos porque de ellas sacamos fuerza. Nos cansábamos, pero nos animaba sobremanera saber que teníamos a todo un ejército sosteniéndonos. Al vernos cumplir con las cosas de la escuela de Rebeca, con el ministerio de la iglesia y con la vida, todos los enojos, todas esas preguntas y todas esas confusiones desaparecieron, pues veían la gloria de Dios en nosotros. Es increíble como uno no está consciente de ser de bendición ni edificación para nadie, mucho menos para que todos digan: ¡Ah! Ese sí que es un testimonio. Dios sí lo hace. Él tiene una razón, un motivo, un propósito y las personas lo verán con, o a pesar de, nosotros.

14

LAS TERAPIAS

Lucía trajo para Ericka a su hermano pediatra y a una terapeuta. Vendrían a mi casa para darle sesiones de ejercicios a la bebita, con el acuerdo de que serían suspendidas en cuanto Ericka llorara demasiado o ya no avanzara. Así fue como llegó Alejandra, mujer llena de ternura y de una experiencia impresionante. Fue una bendición que pudiera venir y así evitarme el atravesar la ciudad con Ericka. Tuve que organizar mis días con las terapias de ambas niñas. Rebeca avanzaba, a pesar de todos sus problemas. No sabía cuánto tiempo iría a durar Ericka, pero era hermoso ver los adelantos obtenidos con el estímulo que Alejandra le daba por medio de los ejercicios.

Yo también tuve que aprender a hacérselos, pues cuando Alejandra no podía venir, yo tenía que ser la terapeuta. Para mí fue difícil pues ni tenía la paciencia ni el carácter para plantarme a hacer lo que Alejandra hacía con tanta naturalidad. Y por mi mente invariablemente pasaban pensamientos tales como: «¿Para qué, si después de todo se los vamos a dejar de hacer y por más que avance, después se deteriorará?». No tardaba en incorporarme para armarme de valor y hacerle los famosos ejercicios a mi niña.

Claro que avanzó. Fue increíble ver cómo iba reaccionando. Todo lo disfrutaba, veía las pelotas sobre las que la sentábamos, estaba atenta ante los juguetes con los que trabajábamos y le gustaba el movimiento y la distracción de las terapias para que hiciera cosas. Su pequeño cuerpo se hacía cada vez más firme logrando hacer y aprovechar más cosas. Me sorprendía ver cuán diferente era de Paola. La fuerza de Ericka era muy especial. Esto a veces me entristecía, ya que me debilitaba al pensar que perdería todo lo que mis ojos veían en ella. ¡Qué lucha! Era agotador batallar contra esos pensamientos de muerte y de destrucción. El diablo no nos da treguas en situaciones así. La batalla desgasta, pero uno sabe que si baja la guardia, salta encima para matarle.

Solo podía recordar, una y otra vez, que tenía una responsabilidad con mis hijas y esta era sacarlas adelante a costa de mis pensamientos, mis fatigas y mis sentimientos. Si era amor, si era seguridad o si eran las terapias, pues a dárselas para afirmarlas en sus caminos y apoyarlas a lo largo de sus vidas. Repito, fue difícil. No soy nada paciente con tareas y trabajos de niños, pero sabía que no solo era responsabilidad de los médicos y de las terapeutas. Así que no dejaba de darles ánimos a ambas cuando lograban algún avance.

Rebeca veía las terapias de su hermana y yo le explicaba que ella tenía las suyas muy diferentes. Por supuesto, Rebeca quería hacer lo que Ericka, puros ejercicios, y me enseñaba emocionada: «Mira, mami, yo sí puedo hacerlo». No se sentía aislada, pues las dos tenían atención especial.

Con frecuencia pensamos que los doctores y los terapeutas son profesionales que tienen la obligación de trabajar para nosotros, que nos tienen que dar todo tipo de respuestas y sacar, además, a nuestros hijos adelante. Después de todo, para eso les pagamos o les paga el gobierno. Ver a terapeutas que dedican su vida a ayudar a incapacitados, siendo esa la profesión que escogieron, a mí me parece algo hermoso e increíble. En efecto, no solo ayudan al enfermo, sino que también preparan a los familiares para que saquen adelante a su paciente.

Me he encontrado con padres enojados con los terapeutas, porque piensan que tratan con rudeza a sus hijos o porque reciben regaños cuando no hacen la tarea encomendada. Hay que entender que este es un esfuerzo unido, un frente común de todos los que tienen contacto con la persona enferma. A veces, con nuestra sobreprotección, pensando que se les debe consentir dándoles más atención a otros miembros de la familia, los hacemos más incapacitados, más enfermos. Si la terapeuta los trata con más fuerza de la que nosotros consideramos normal o nos regaña... ¡Uy, arde Troya! Llegan hasta sacarlos de la atención médica, prefiriendo que el niño no avance, dejándolo en casa más enfermo de lo que en realidad está. Debemos comprender que a médicos y a terapeutas les interesa mucho que sus pacientes salgan adelante, no solo por el interés económico, como muchos piensan, sino porque ese es su reto. Esa fue la carrera que eligieron y no hay satisfacción mayor que ver el fruto de su trabajo. Si como padres somos los primeros en obstaculizar, pensando que no tienen la sensibilidad suficiente, es necesario hacer un alto y analizar si efectivamente los están maltratando, o si somos nosotros, con un exceso de culpa o de sobre protección, los que los estamos enfermando más de la cuenta.

Hay terapias de todos tipos, sabores y colores. Creo firmemente que debemos de buscar la más directa, la más cercana al problema de nuestros pequeños. He oído de tratamientos con nombres estrambóticos y caros que, además, sirven de muy poco, pues no tienen bases sólidas. Intervienen en ellas personas sofisticadas que están de moda y muchas veces nos vamos con ellas. Lo mejor es buscar la guía del Señor y sentir su paz para dejar a nuestros hijos en la terapia que sea necesaria.

Como Rebeca era muy inteligente, pensábamos que fingía y la forzábamos demasiado, disciplinándola cada vez que nos daban una queja por su proceder en la escuela. Era muy impulsiva y por desear abrazar a los niños que no querían ser abrazados, los sometía a la fuerza y así comenzaban los problemas, por citar un ejemplo de muchos. Hablábamos con ella, le explicábamos y parecía entendernos, pero seguía con una conducta extraña para nosotros. Vi que con nuestros métodos no lográbamos nada, por más que tratábamos que nos obedeciera, que pusiera atención y se estuviera sentada. Ella se frustraba y nosotros también. En definitiva, necesitaba terapia, ¿pero cuál?

Como siempre, con la paz y la confianza que lo caracterizan, Fernando nos aconsejó que no nos preocupáramos por lo que otras personas veían en ella. Que Rebeca era una niña muy especial, con una ternura y unos detalles fuera de lo común y que mientras fuera pequeña era bueno darle todo lo que pudiéramos, pues lo absorbería mucho más tomándolo como juego y saldría adelante más rápido. Nos aconsejó que tuviéramos mucho cuidado con nuestras disciplinas y enojos, porque ella no nos podría dar lo que no sabía ni tenía. Nos hizo ver la importancia de apoyarla y de estar a su lado, ya que hallándose rodeada de personas que se quejaban de ella, en nosotros tenía que ver amor, apoyo, confianza y ánimo para ayudarla a salir adelante.

Fernando me envió a una terapeuta de su confianza y se le practicó un electroencefalograma para no andar con incertidumbres ni adivinanzas. El resultado reveló que Rebeca era inmadura para su edad. Por más que se lo exigiera, no podría darnos lo que solo se lograría a través del tiempo, de la terapia y de mucha paciencia. Había que emparejar su edad cronológica con su edad mental.

La terapeuta le hizo otra evaluación, esta vez en presencia de un neurólogo que se mostró preocupado por el resultado del electroencefalograma y le envió la terapia idónea, en la que figuraban algunos medicamentos. No fue la varita mágica, pero se logró, por ejemplo, que Rebeca tuviera mayores períodos de atención hacia los maestros. Aun así, tomó mucho tiempo para que se regularizara en esferas con las cuales batallamos bastante y que para nosotros también fueron un aprendizaje.

A Erick no le hacía nada feliz ver niños enfermos. Solamente podía con sus hijas, pero no se sentía con fuerzas para enfrentar a otros padres que pasaban por lo mismo y mucho menos observar criaturas enfermas. Lo contrario sucedía conmigo. Al encontrarme casos así, sentía necesidad primero de hablarles del Señor, después de decirles que había quien los entendía y darles ánimo para que ellos a su vez animaran a sus bebés. Quería que entendieran que éramos pocos los que teníamos el privilegio de tener la responsabilidad de hacer felices a estos seres humanos tan abrumados y que a través de ellos aprenderíamos un mundo de cosas. Pensar así es una decisión de calidad. Es la oportunidad de ver este reto no como un cúmulo de problemas, sino como una ventaja única y preciosa. Esto le sensibiliza a uno para observar el mínimo avance en el hijo como algo trascendental y, muy importante: sacar el potencial de ellos en medio de la batalla.

Yo deseaba que Erick se involucrara tanto como yo en ministrar a padres con niños enfermos, pero respetaba su decisión de permanecer al margen. Debido quizá a su extrema sensibilidad, no quería sufrir ni con sus hijas, mucho menos con los hijos de otros. No tenía la visión, ni la carga que sentía yo, y pronto me acostumbré a sentir sola la necesidad de las personas con problemas como el mío. Hubo padres que se acercaron a solicitarle alguna palabra, alguna orientación y Erick se demudaba. Se sentía impotente.

«¿Y cómo, qué les digo?».

«Erick», le recordaba, «nosotros pasamos no solo por la enfermedad de Paola, sino por su muerte y ahora tenemos a Ericka».

La magnitud del dolor ajeno lo abrumaba. Para mí era fácil dar una palabra de aliento, de orientación. Erick sentía que llevábamos mucho tiempo con el mismo problema. Para él, no involucrarse era avanzar y la verdad es que yo veía que Erick deseaba pasar desapercibido, lejos del problema, ajeno a mis sentimientos y a veces a las necesidades de las niñas. Al no tener los mismos sentimientos, algo comenzó a alzarse entre nosotros, separándonos. Yo no comprendía que había formas diferentes de sentir; ninguna era mejor que la otra y ambos con la razón de nuestro lado. Sin embargo, veíamos el mismo problema de manera muy diferente. Al presentarse un nuevo obstáculo, se incrementaba mi sensación de que Erick se alejaba más. Tal vez deseaba proteger su corazón contra una larga y pesada pena, no lo sé. Mi impresión era que rehuía el sufrimiento y que toda su energía la descargaba en su trabajo, o detrás de la computadora. Eso sí, amaba entrañablemente a sus hijas y nunca se apartó de ellas. Mi deseo era ver más cooperación de él.

15

UN CUMPLEAÑOS

Llegó el primer cumpleaños de Ericka y el quinto de Rebeca. En un restaurante de esos que le fascinan a la gente menuda festejamos a las niñas y entre los amiguitos de Rebeca de la escuela y los conocidos de la iglesia, invitamos a media humanidad. El sitio rebosaba de niños y Ericka estaba muy feliz. Hoy, al ver el vídeo de la fiesta, me estremezco toda al constatar que Ericka era un amor. Se iba a mis brazos con facilidad; si alguien la cargaba, de inmediato me buscaba y me lloraba hasta que yo acudía a rescatarla. Le dimos una paleta azul y no tardó en pintarse toda de ese color. Comenzó a llorar cuando vio llegar a Alejandra, pues seguramente se imaginó que comenzarían los ejercicios que para entonces, ya no le hacían nada de gracia. Después de comprobar que Alejandra llegaba en son de paz y con tremendo regalo, la sonrisa afloró de nuevo en su carita.

La pasamos en grande.

Rebeca feliz, inquieta como siempre, ya no sabía con quién jugar de tantos niños que asistieron. ¡Qué maravilloso recuerdo! Una vez más las fotos y los vídeos captaron los momentos felices de mis niñas, viéndolas disfrutar y sentirse el centro de atracción. Nuevamente para mí era crearles recuerdos, y ellas a mí. Vaya que son hermosos ahora.

Para entonces Ericka ya sostenía su botella, lo que Paola nunca pudo hacer. ¿Qué puedo decir? Recuerdo con nostalgia, con felicidad y tristeza esos días que nunca se volverán a repetir y por ello cada momento tenía su especial encanto, un deleite único. ¡Cómo debo recalcar eso! Cómo gritar a los cuatro vientos: ¡Padres, aprovechen a sus hijos!... No quiero que se entienda que debemos soportar todos los problemas que nos dan con una sonrisa de oreja a oreja, ¡no! Sé que existen problemas, y muy difíciles, aunque los hijos sean normales.

Lo que quiero decir es que existen momentos que no volverán, que se pasan tan rápido que al recordarlos, a veces nos damos cuenta de que nuestra vida se fue en enojos, en iras, en faltas de perdón y en contiendas.

Recuerdo la vez que mi hermana Vivi me llamó por teléfono y me dijo lo mucho que sentía mi situación.

«Ay, Gloria, ¡qué triste lo que te está pasando con Ericka! Yo no aguantaría lo que tú. De verdad que me siento tan mal, que quisiera que tuvieras la dicha de tener hijas sanas y... espérame un momento... *¡Mauricio, pórtate bien o vas a ver!* Como te iba diciendo... *¡Que te estés quieto!* Ay, yo voy a matar a estos niños. ¿Qué te decía? Ah, sí, cómo me duele tu situación...».

Me reí.

La relación entre mis hijas era preciosa. Rebeca amaba tanto a su hermana que quería presentarla a todo el mundo. Presumía de tener una hermana chiquita y de ser ella la cuidadora. Ericka, atenta con su mirada, buscaba todo lo que hacía Rebeca, se entretenía viéndola y le sonreía hasta llegar a las carcajadas. Rebeca le enseñaba y le hacía hacer cosas que nos sorprendía ver o que jamás hubiéramos logrado que hiciera. No había duda, eran hermanas muy especiales. Cada momento, cada juego, cada sonrisa tenía para mí un valor incalculable. No deseaba pensar en el futuro. Deseaba vivir la vida día a día, y así lo hice. Dejé de preocuparme por lo que vendría, me concentré en hacerles la vida lo más pasadera posible, supliéndoles todas sus necesidades y viviendo, a través de sus vivencias, cada instante que no volvería.

16

LA COMIDA

Durante ocho meses le di a Ericka el pecho. Después ella ya no quiso y con pastillas y tiempo, la leche se me fue poco a poco. Después comenzó la búsqueda de la leche idónea, la que aceptaría y le caería bien. No aceptaba ninguna, todas las vomitaba o le provocaban diarrea. Intentamos de todo. Por fin, localizamos una importada que carecía de lácteos y que le cayó de maravilla, pero ¡auxilio! Era carísima. Nuevamente vimos la mano de Dios en detalles que parecerían insignificantes. Eddy trabajaba en un laboratorio y gracias a eso me pudo conseguir esta leche tan especial y cara. Intrigados, los del laboratorio indagaron para qué el señor licenciado necesitaba esa leche y, al conocer la situación, se la regalaron.

Eddy fue de una ayuda increíble.

Ericka dejó de comer papillas. No me angustié, ya sabía que había que molerlo todo y ponerlo en la botella, pero de nuevo la comida le cayó mal y recordé entonces que en Estados Unidos vendían una variedad enorme de comidas enlatadas para bebés con todo tipo de carne perfectamente molida y sin preservantes. Compré algunas para probar, y no solo le cayeron bien, sino que le gustaron. ¡Qué bueno! Pero qué malo a la vez, pues ahora tendríamos que conseguirle su comida ya que no la vendían en México.

Una vez más percibimos la fidelidad de Dios, pues entre mis hermanos y amigos que vivían en el extranjero, cada vez que venían, me surtían de las famosas latitas.

Una vez más el Señor nos envió a personas sensibles a esto que nos ayudaron y participaron en el milagro de alimentar y mantener con vida a Ericka. *Gracias, Padre, por todas esas personas que nos mandaste.* Sin temor a exagerar, siento que le dieron vida a mi hija, haciendo esto que nunca olvidaré. Hay que ser agradecidos con este tipo de acciones y no esperar que otros nos den porque sea su obligación, su carga o responsabilidad. No. Uno tiene que estar alerta a estos detalles. Sea agradecido y si no puede serlo con los que lo ayudan, hágalo con otros, aunque esté desanimado o esté muy cansado. La recompensa está en los cielos, no aquí. ¿Por qué no ser alguien que ayude a otro en su angustia, en su tribulación, por qué no ser apoyo, edificación, un granito de arena para levantar al caído en su aflicción? A lo mejor pensamos que hacer algo por alguien, aunque sea una sola vez, pasará tan desapercibido que no tiene sentido tomarse la molestia. O creemos que si no podemos resolver de manera completa el problemón de otra persona, mejor no hacer nada. Puras excusas y pretextos. No niego sentir a veces un abrumador desánimo para visitar o hablar con alguien, pero me esfuerzo en hacerlo. No por obras para que digan: ¡Qué buena es Gloria! Simplemente porque he recibido mucho. Ahora tengo un compromiso con esas personas que con sus muchos granitos de arena, hicieron de mi vida algo no tan solo pasadero sino hermoso. Con esto no digo que uno mantenga de por vida a alguien o que siempre sea su muleta. Haga lo que esté a su alcance, distinga entre el afligido y el que busca en otro descargar toda su responsabilidad y problema. Todos podemos ser de gran bendición y ayuda haciendo muy poco, pero con gusto y agradeciendo a Dios por lo que alguna vez recibimos en tiempo de aflicción.

17

COMIENZA EL
DETERIORO

Ericka comenzó a tener serios y crecientes problemas respiratorios. Eddy me recomendó un doctor que había escrito algo acerca de ciertos síntomas que Ericka presentaba con su hígado y bazo agrandados. Este médico resultó ser una eminencia, miembro del Instituto Nacional de Pediatría. Le comenté a Fernando y dio su anuencia, informándonos que había sido su maestro.

Al entrar con Ericka a su consultorio y tras dar santo y seña de la razón por la cual estábamos ahí, lo primero que me preguntó fue:

—¿Y dónde está su esposo?

No esperaba tan extraña pregunta. Desconcertada musité:

—Trabajando, doctor...

—Señora —repuso con seriedad—, la próxima vez los quiero ver aquí a los dos. En estos casos, cuando una pareja atraviesa por este tipo de situaciones tan desafortunadas, he visto más divorcios y separaciones de los que usted pudiera imaginarse...

Bien, se ve que no sabe que somos cristianos. ¿Nosotros... divorciarnos? Para nada. Pero casi inmediatamente rechacé tal pensamiento. Sabía que Erick estaba trabajando y era lógico que no estuviera ahí, pero después recordé que había pasado mucho tiempo desde la última vez que me acompañara al médico.

—Sí, doctor, él vendrá...

El doctor Loredo me hizo una serie de preguntas acerca de la enfermedad de mis niñas. Con gusto vio que estaba muy informada y que me sabía hasta el trabalengüístico nombre de la enzima «esfingomelanilaza».

—Veo que sabe lo que hay que hacer —dijo.

A continuación revisó a Ericka con mucho amor, mientras me decía cosas que ya sabía. Ya para finalizar me comentó:

—Señora, lamento mucho esta situación, pero tiene un angelito a quien cuidar mucho. Yo le ofrezco que me vaya a ver al hospital cuando Ericka necesite más atención, pues va a requerir de ciertos tratamientos muy caros. No se preocupe, en el hospital no le vamos a cobrar...

En ese hospital fue donde atendieron a Paola y donde también había fallecido. No podía pasar por ese sitio sin estremecerme. Pero a Ericka no la punzarían, simplemente le tratarían otros aspectos cuando las crisis se fueran presentando.

Llegó el día en que se terminó la terapia. De pronto comenzamos a observar que Ericka se enojaba mucho. Primero era gracioso verla tan enfadada porque hacía las cosas bien, con tal que la dejáramos en paz, pero después ya no fue gracioso. La terapia se convirtió en una tortura para ella y, al no verla avanzar, la desechamos por completo. Alejandra dijo que vendría una vez al mes para ver cómo seguía, pero no tardó en dejar de venir. No había necesidad. La niña se deterioraba sin remedio. Los ejercicios, lejos de beneficiarla, la dañaban. Comenzó a decaer. Luchaba con denuedo por hacer las pequeñas cosas que solía hacer, pero el esfuerzo era sobrehumano. Cómo me dolía ver esto. La determinación de Ericka se parecía a la mía. Con enojo y mucha constancia, por fin lograba su objetivo pero poco a poco ya no le fue posible seguir haciéndolo. Dejó de luchar pues su cuerpo no le respondía. De tan solo recordarlo se me salen las lágrimas. Ver a un hijo que ya no puede crecer normalmente es algo que nos hace sentir totalmente impotentes. Creo que ha de ser como con el Señor. Al recibir su Palabra comenzamos a crecer, a ver la vida diferente, a estar llenos y gozosos en él. De pronto y por cualquier cosa, nos dejamos de alimentar y dejamos de crecer, abandonamos nuestro gozo. No nos estancamos sino que vamos decayendo. Nos convertimos en enanos espirituales y estoy segura que esto llena de dolor a Dios, pues teniéndolo todo para seguir adelante, preferimos ver las circunstancias de la vida y dejamos de esforzarnos para seguir creciendo y tener comunicación con el que nos alimenta y nos da la vida.

Fue terrible ver como su pequeño cuello ya no estaba tan erguido como antes. Se conformó con mirar sus juguetes porque ya no podía estirar sus pequeños brazos para tocarlos. Le dejamos sus preferidos que tanto amaba, pues verlos parecía gustarle. De pronto, los veíamos tirados. Sin darnos cuenta los había movido y se los volvíamos a acomodar las veces que fueran necesarias hasta que llegó el día en que no los pudo mover ya más.

Sus problemas respiratorios aumentaron. El doctor Loredo me sugirió llevarla al hospital para administrarle inhaloterapias. No hubo problema ni trámites para que la aceptaran. Bastó una llamada del doctor Loredo para que nos atendieran de inmediato. La encargada del área nos atendió personalmente para aplicarle las inhalaciones y después succionarle las flemas. Pobre Ericka. No disfrutaba en lo mínimo esto. Erick, después de ver lo que le hacían, se retiraba para no contemplar el sufrimiento de su hija. Yo me instalaba con mi chiquita, tomándole sus manitas y hablándole con dulzura para calmarla durante las violentas succiones por nariz y boca que le aplicaban. Sin embargo, era un alivio saber que después podría respirar mejor.

Nos dijeron que nosotros mismo podríamos darle los tratamientos en casa. Bastaba con el humidificador que ya teníamos. Los tubos y accesorios restantes nos los proveyó y así ya no regresamos a las cruentas sesiones de inhalo terapia en el hospital, cosa que agradecimos infinitamente, pues sacar a Ericka de la casa era otra hazaña. Subirla al automóvil en su sillita para llevarla, recibiendo todo el pesado sol y el calor de la tarde, era un suplicio para todos. Salíamos y regresábamos y Ericka no paraba de llorar hasta no verse de nuevo en su casa. No había modo de calmarla.

En ocasiones tenía que abordar un taxi y estar cargando a mi hija con una pañalera en extremo pesada tratando de pescar a uno de esos huidizos vehículos, era una ardua tarea y no faltaban las miradas para nada discretas de la gente. A veces estaba de humor para pasarlas por alto. Sin embargo, a veces también volteaba yo con cara de «¿Qué me ves?» y deseaba tener rayos láser en los ojos. Y la gente, con la sensibilidad que le caracteriza, de inmediato captaba el mensaje y dirigía su mirada hacia otra parte.

Sabía que Dios tenía que tratar con mis actitudes en esta cuestión, pues me daba cuenta de que no era tan paciente ni tolerante como con Paola. Con Ericka, mi estado de ánimo había cambiado y era mucho más sensible a cosas que, equivocadamente, ya creía haber superado. Por eso, a veces resentía la ausencia de Erick en estas visitas al doctor. Sabía que estaba trabajando, inmerso en muchos compromisos, pero dejó de acompañarme.

Aquellas visitas al hospital minaron mi ánimo. Me afectaba estar de nuevo en contacto con el sufrimiento, no solo mío sino de otros padres. Verlos en la tensa expectativa, algunos seguramente llevaban días ahí sin comer, mal dormidos pero atentos a recibir noticias de sus hijos. Algunos niños saldrán adelante, otros no. La atmósfera impregnada de mudo sufrimiento, ¡qué terrible!

Un día estuve en el pabellón de los niños con cáncer, muy cerca de la sala de inhalo terapia, y vi algo que me estremeció. Una señora con su hijo canceroso al igual que todas las demás criaturas, sin pelo a causa de la agresiva quimioterapia. Había una habitación llena de mamás e hijos esperando el tratamiento del día. Vi las mismas caras sombrías, pétreas, los mismos magros desayunos, la inefable pobreza (es un hospital público, uno de los mejores hospitales para niños en México donde la gente no paga). De pronto entró esta señora con una alegría genuina, como si se hubiera ganado la lotería.

«Hola a todos. Buenos días», repartía sonrisas sin regatear. «¿Qué pasó, Fulanito? ¿Ya desayunaste? ¿Por qué esa cara, Menganita? Ánimo, enseguida nos van a atender. Arriba, corazones...».

Y saludaba a todo el mundo, llamándolos por su nombre, tratárase de mamás, papás o criaturas. Por si fuera poco, compartía la poca comida que llevaba y a donde fuera levantaba y animaba. Recuerdo que habló con un doctor, suplicándole algo que necesitaba. Al parecer, era muy conocida por todos. El doctor le daba largas a su petición, pero ella insistía sin perder su jovialidad. Llegó el momento en que expresó su petición a voz en cuello. Todos dimos vuelta a verla con el doctor que, nervioso por sentirse centro de todas las miradas, accedió a su reclamo, temiendo que siguiera casi gritando. De alguna manera me recordó a la viuda mencionada en la Biblia que por insistente logró su propósito.

Esa mujer era un ejemplo de fortaleza, de ánimo para todas las presentes que, al igual que ella, pasaban por la dura prueba de tener un hijo con cáncer. Al ver a todas las criaturas calvas, abrazaba a mi Ericka pensando: *Estos niños aún tienen una oportunidad de vida; es un tratamiento horrible, pero a fin de cuentas, una posible cura que mi hija no tiene».*

Sin embargo, el ánimo de esa señora me fortaleció. Yo también podía compadecerme mucho, pero tenía que salir adelante. Conocía a quien me daba fuerza y solo por él estaba dispuesta a clamar como leemos en la palabra de Dios: *Diga el débil: fuerte soy en el Señor* y no en mis fuerzas, pues a veces no las tenía.

Comenzaron las inhalo terapias en casa. Por un tiempo le sirvieron, pero invariablemente volvía a caer y cada vez fue más difícil quitarle todas las flemas. Entonces Eddy nos presentó a su concuñado que trabajaba en la misma área de inhalo terapia, pero en un hospital privado. Él nos citó y nuevamente estuvimos una o dos semanas más asistiendo a diario para que la ayudaran. Él nos mostró un aparato diseñado solo para inhalaciones y nos enseñó las cantidades exactas de la medicina que utilizaba el artefacto. En el único laboratorio que fabricaban la medicina era en el que trabajaba Eddy, de modo que de nuevo fuimos bendecidos, pues ese aparato fue de enorme ayuda para Ericka.

Para donde fuéramos, ahí íbamos cual gitanos, cargando más y más cosas que Ericka necesitaba. Era incómodo, pero nunca la privaríamos de todo lo que le proporcionara un poco de bienestar.

Cuando salíamos de viaje, Ericka comenzó a quedarse en casa de mi mamá, pero cuidada por la fiel Guille, quien a estas alturas ya sabía qué hacer, cuánto y a qué horas. Llegábamos con la bolsa de pañales, maletas de ropa, montones de pañales, bañera, el aparato de inhalo terapia, el humidificador, latas de leche, de carne, los juguetes preferidos... una auténtica mudanza. El hecho de contar con Guille fue una de las mayores bendiciones que pudimos tener. Poco a poco dejó de trabajar en el quehacer de la casa y se dedicó de lleno a cuidar de Ericka con la premisa de: «Guille, que se caiga de sucia mi casa, Ericka es primero». Y vaya que lo tomó a pecho. Era la enfermera de Ericka, una niñera no la hubiera cuidado mejor. De pronto, me di cuenta de que sin Guille no podía hacerlo todo.

Por las noches, invariablemente Ericka se despertaba, fuera por una cosa o por otra y después de dos o tres desveladas seguidas, era difícil cuidarla de día. No recuerdo haber pasado una noche de descanso continuo, excepto en viajes y aun así, a muchos kilómetros de distancia, mi mente programada me despertaba en la madrugada. Mis fuerzas disminuyeron. Los años pasan y ahora con Rebeca todo era más agotador.

Y a Erick lo sentía cada vez más distante, más ajeno. Comenzó a participar, menos en todo aquello que fueran visitas al doctor o al hospital, así como a desentenderse de Rebeca. Él siempre tenía cosas que hacer. Esto me irritó sobremanera y me dediqué constantemente a reclamarle TODO lo que no hacía. Me enfurecía mucho que me dijera: «Ahí está Guille». Cierto, físicamente ella me ayudaba, pero yo necesitaba respaldo emocional porque la carga era demasiado abrumadora para mí sola. Y tras cada reclamo, Erick se alejaba más y más. Pronto entramos en un círculo vicioso sin saber que el enemigo estaba tejiendo una sutil trampa, aprovechando la vulnerabilidad de nuestros corazones en tan dura situación. Ericka no fue un obstáculo para dejar de hacer cosas o ir a invitaciones, pero conforme el tiempo transcurría, nos veíamos obligados a no tener tanta actividad, pues no siempre Guille podía ayudarnos.

Rebeca comenzó a verse afectada, pues casi toda la atención era para con su hermana. Sus necesidades hacían que ella siempre tuviera a alguien cuidándola o procurándola y todo lo que ella recibía era: «Espérame un poquito, ya voy, hija, ¿no ves que estoy ocupada con tu hermana?». Las prioridades de Rebeca dejaron de ser. O eran las crisis de Ericka o nuestro trabajo o porque estábamos demasiado cansados como para prestarle un poco de atención a las cosas importantes para Rebeca. Solo un pensamiento martillaba con insistencia: pronto tendrá toda la atención, pronto podremos complacerla solo a ella. Muy pronto, muy pronto...

18

Discusiones

Mi preocupación por Rebeca aumentaba día a día. Un reclamo más para Erick. Quería que él la sacara cuando no había clases, que le prestara atención cuando yo no podía hacerlo, o cuando me sentía rendida después de días y noches en vela. Al no obtener respuesta a mis reclamos, me enfurecía. Ya no solo cargaba con lo de Ericka, sino que también tenía lo de Rebeca y ahora lo de Erick. Él se cerró aun más. No reconocía que Erick también tenía necesidades y en medio de una situación tan tensa como la que estábamos viviendo, era imposible satisfacerlas o siquiera adivinarlas. Buscaba en Erick un árbol firme, sólido y frondoso en donde refugiarme, llorar y desahogar para luego escuchar su voz tranquila musitándome: «*No te preocupes, todo va a salir bien*».

Nuevamente busqué en Erick lo que nada más que Dios podía darme. En ese momento no lo entendía así. Sentía que él debía ser esa roca a prueba de tempestades que podía sostenerme, aunque esa roca es Cristo. No pensé que Erick se pudiera sentir mal, cargado o cansado. Nada más veía en él a alguien indiferente, lejano, sin compromiso alguno para con sus hijas. ¿Por qué era así? ¿Por qué Erick había cambiado tanto? ¿Dónde habíamos perdido la ruta y nos habíamos desviado a este callejón sin salida? Las palabras del doctor Loredo retumbaban en mis oídos «Señora, he visto tantos divorcios y separaciones en este tipo de situaciones, como no tiene idea...». ¿Acaso eso nos pasaría? No, imposible. Somos cristianos, servimos al Señor... Un sentimiento de hipocresía me invadía y mis deseos por hablar con alguien aumentaban. Aparentemente las cosas se arreglaban por un rato, para luego caer en la misma rutina de reclamos, egoísmo y enojos. La misma trampa.

Erick es un hombre de oración y de alguna manera me consolaba saber que él oraba, pues a veces yo dejaba de hacerlo. Simplemente no me sentía ni con las fuerzas, ni con el ánimo y pensaba que al orar él, yo estaría bien. Obviamente no fue así. Dios desea una relación personal con cada uno de nosotros, no una relación en manada o con representantes, ni siquiera en pareja, sino individual, porque así nos había creado: de manera única e individual. Me esforzaba tanto en buscar al Señor y después de cada pleito, invariablemente herida y destruida, era poco menos que imposible entrar en su presencia. Era una lucha por buscar a aquel que me podía ayudar. El desánimo, el enojo, la impotencia y la desilusión eran pesadas anclas que ahora formaban parte de mi vida.

Al llegar a casa, Erick solo deseaba encontrar paz y tranquilidad: sentarse a ver las noticias en la televisión, leer un libro o hacer cualquier otra cosa, sin escuchar mi retahíla: «Erick, ¿no me ayudas a bañar a Rebeca? Erick ayúdame con la inhalo terapia de Ericka. ¿Le podrías dar su leche entre tanto que le doy de cenar a Rebeca...?», etc. Cuando él entraba en casa, sentía que llegaba mi ayuda en esa hora cumbre de bañar, dar de cenar y acostar a mis hijas. Hubo veces que lo hizo movido por mi cara o por mis enojos, pero no salía de él, por lo que dejé de pedirle ayuda. Total, yo puedo sola.

Las cosas se tienen que hacer, pero no con esa actitud de frustración y enojo. La actitud debiera ser: «Señor, voy a *hacer esto por ti, aunque no lo desee ni tenga fuerzas para hacerlo, lo haré contenta y con paz, pues tú me darás las fuerzas».* Pero me hallaba enojada y fastidiada.

Algo que me agobiaba, además de todo lo descrito, eran los frecuentes y fuertes dolores de cabeza que le daban a Erick, además de sufrir un intenso cansancio. Cada vez que me decía que le dolía la cabeza, sentía que me clavaban una daga, pues lo percibía como una carga más, como algo que yo debía solucionar.

Erick no deseaba hacer nada fuera de su rutina de ir a las iglesias o a grupos en casa. Si llegábamos a salir a alguna cena o reunión con amigos, constantemente nos veíamos obligados a irnos temprano, pues Erick se sentía fatigado. Con tal de salir, yo cuidaba que nada interrumpiera su siesta para que pudiera reponerse y así disfrutar de una salida social que para mí era un alivio en medio del tráfago emocional en que vivíamos inmersos. Una salida de una jaula ominosa, pesada. Olvidarme por un momento de responsabilidades y platicar, reír, departir con los amigos y, ¿por qué no?, desahogarme. Pero Erick iba a lo que iba. Por eso, cuando me soltaba el «ya vámonos, ¿no?», me ponía histérica. No razonaba, pues además de tener un marido ausente durante la cena o reunión, que no participaba, no opinaba ni se desahogaba, sentía la presión de su cansancio o de sus jaquecas. No estaba dispuesta a ceder. Los pleitos se hicieron más frecuentes, las batallas campales se armaban en cuanto yo manifestaba mi deseo de salir o distraerme. ¡Qué días!

En una ocasión estábamos cenando un platillo compartido. Yo me explayaba feliz hablando de un asunto que, para variar, no le interesaba a Erick. Cuando quise meter el tenedor a mi cena, me encuentro con el plato vacío. Desconcertada, volteo a ver a Erick y este me dice: «Sigue hablando, mientras yo como...».

Ahora nos reímos al recordar ese detalle. Dios ha hecho una obra impresionante en nosotros. Pero en ese momento no me hizo nada de gracia, y este fue un punto más en mi ya larga lista de heridas de ofensas de Erick hacia mí.

Por mi temperamento sanguíneo, deseaba salir de mi rutina para entretenerme con lo que fuera, con tal de tomar nuevas fuerzas y seguir adelante con todo. Erick, por su temperamento flemático, no deseaba moverse tanto de su lugar y le irritaba mi furor y entusiasmo cuando le rogaba que saliéramos. Me imponía condiciones y era un trueque para complacerme, teniendo que después hacer algo a cambio. Los problemas aumentaron y esto se reflejó en mis niñas.

Quiero aclarar que no es mi intención ventilar problemas íntimos, ni exponer a mi querido esposo, a quien tanto amo. Que estas páginas sean para edificación y bendición. Solo deseo abrir mi corazón y mi hogar a quien probablemente esté pasando por las mismas situaciones y se sienta mal sin saber que hay una solución, de que no son los únicos en atravesar este tipo de presiones y aflicciones. Desgraciadamente no existen muchas predicaciones para padres con hijos en problemas, cómo afecta esto a la pareja, cómo se puede llegar a un egoísmo mutuo, peleando cada uno por lo que cree estar bien, siendo que los dos están mal y necesitan una guía.

¿Crees que Dios no es suficiente? Claro que lo es. Sin haber tenido un encuentro personal con Él y con mi pasado, lo más seguro es que me hubiera entregado al alcohol desde el mismo día en que supe que pasaría una angustia tan grande por segunda vez, desde que seguían las quejas con Rebeca y desde que nuestros problemas matrimoniales se salieron de control. El hombre es el que falla, Dios permanece tan fiel y tan real como siempre y él nos mostró muchas cosas cuando estuvimos dispuestos a escucharle y a escucharnos. Orábamos, pedíamos, clamábamos por nuestro matrimonio, pero no cambiábamos, ahí estaba todo. Queríamos cambios, pero no estábamos dispuestos a reconocer nuestras faltas. No nos enfrentábamos a nuestros errores y al no encararlos, Dios no podía cambiar lo que no estábamos dispuestos a reconocer. Confiábamos en que Dios lo haría todo. Sabíamos a quién recurrir porque él es todopoderoso, omnisciente, omnipresente, pero nada sucedía. ¿Nuestras oraciones no servían? Por supuesto que servían, pero Dios no puede cambiar a nadie no dispuesto a desnudarse delante de su presencia, exponiéndose sin barreras. No había ninguna posibilidad de que alguno de nosotros estuviera mal en su manera de verse. El injusto siempre era el otro, el que no entendía, el cerrado, el que tenía que ceder, el que reclamaba, el que manipulaba, etc. Los dos teníamos exactamente la misma opinión del otro.

Sin embargo, Dios no nos dejó en nuestros propios pensamientos y resoluciones. Él se seguía manifestando y volvíamos una y otra vez a pedirnos perdón, a orar juntos, a considerar nuestros puntos de vista hasta el próximo «round». Hasta llegamos a hablar con distintos líderes en busca de que alguno nos diera la razón. Servía lo que nos decían, pero al momento de ponerlo en práctica, volvíamos a lo de siempre. Simplemente no podíamos hallar la comunicación idónea y entonces era yo la que siempre buscaba a quien contarle nuestras diferencias. Pronto dejé de hacerlo, al ver que no había cambios reales y palpables. A Erick no le interesaba buscar ayuda externa. No estaba lo suficientemente desesperado. Una y otra vez repetía: «Dios es suficiente, Dios es suficiente...».

«Si Dios es suficiente», respondía yo irritada, «¿por qué entonces no has cambiado?».

Y eso desataba la inevitable discusión.

Mis fines de semana eran un suplicio. Teníamos que estar con los jóvenes desde temprano, cosa que para nada me molesta; los jóvenes para mí eran una motivación importante en mi vida, pero Rebeca tenía poco tiempo para hacer las cosas que a ella le gustaban. Le propuse a Erick que los sábados en la mañana le dedicáramos un tiempo a Rebeca. Él se mostró de acuerdo, pero al llegar el día, o tenía una boda que atender, o acudía a alguna actividad de la iglesia, dejándome con ambas niñas. Opté por sacar a Rebeca en un intento de evitar que resintiera lo que sucedía a su alrededor.

Conforme pasó el tiempo, fue imposible sacar a Ericka. Era muy especial, lloraba mucho, no le gustaban las personas en su derredor y prefería la quietud de la casa. Tenía que esperar a que Guille se desocupara para podérsela dejar y luego salir con Rebeca. Me sentía tan frustrada, tan impotente, anhelaba que Erick dijera un: «*No te preocupes, yo la saco, tú quédate con Ericka*» o «*Vamos todos juntos y a ver cómo nos las arreglamos*», pero esas frases nunca llegaron. Deseaba sentir que él también controlaba el asunto, pero cada vez se hacía sentir más su ausencia en la casa y mi angustia por Rebeca se vino a sumar a tantas otras aflicciones, sin que pudiera hacer nada al respecto.

La solución no fue fácil. Tuvimos que atravesar por muchísimas experiencias desagradables hasta llegar a una crisis de tal magnitud que tuvimos que buscar ayuda, o de otra manera nos moríamos. Algo que desencadenó esta crisis fue la noticia de que Rebeca tenía que repetir el año preprimaria. ¡Ay! Nos dio el ataque. Parecía que nos habían dicho que no la admitirían a la Universidad de Harvard. Fue en la época cuando se le practicó el electroencefalograma. En sí, el estudio me parecía una declaración de que Rebeca tenía algo malo y que en cualquier momento esperáramos que eso malo brotara. Por supuesto, fui yo quien tuvo que levantarse a las cuatro de la mañana para mantenerla despierta, pues para realizar dicho estudio no debía dormir. Cualquier cosita extra que me tocaba hacer, era un peso más que se agregaba al baúl ya enorme que yo cargaba.

Nos explicaron que Rebeca tenía aspectos muy inmaduros para su edad pero que con el tiempo, mucha paciencia y terapias, saldría adelante. Que no sería una niña que figuraría en cuadros de honor por sus excelentes calificaciones, pero que no la presionáramos. Lo que sí nos recomendaron fue sacarla de la escuela donde estaba. Esto realmente fue difícil para nosotros, pues la escuela es cristiana, nos conocían bien a nosotros y a ella y no deseábamos hacerlo. Nos hicieron ver que era por el bienestar de ella. Rebeca en realidad no tenía parámetros entre la autoridad y la amistad. El director de la escuela es amigo nuestro y Rebeca lo sabía, así que entraba en las instalaciones como Pedro por su casa. Algunas de las maestras eran del grupo de jóvenes, cosa que a ella no le representaba la más mínima autoridad. Todas la amaban y realmente deseaban ayudarla, así que la sugerencia de sacarla de la escuela para que tuviera otro ambiente, fue tomada en cuenta.

A Erick esto le pegó durísimo. Creo que realmente sentía que Rebeca también estaba enferma y que por más que se le dijo que todo saldría bien, la noticia mermó considerablemente su ánimo, como también le afectó la visita al neurólogo. Fue el mismo doctor que atendió a Paola y nos recordaba bien. Ericka comenzaba a presentar convulsiones. Acudí con el neurólogo para adelantarme a las crisis tan terribles que había pasado Paola y que no deseaba que sufriera también Ericka. El doctor nos recomendó una medicina que le quitó de manera ostensible las convulsiones, de modo que nunca fueron tan dramáticas como las de su hermana. Una vez más me sentía feliz de haberle creado a mi hija una mejor calidad de vida, pero la noticia de Rebeca fue muy fuerte para nosotros. Nos dimos cuenta de que ya hacía diez años que veníamos sufriendo junto con nuestras hijas enfermas y que Rebeca no era la excepción. El nuevo reto era abrumador. Otra vez no podía bajar mis ojos para llorar y desesperarme, solo quería la ayuda necesaria para darle la oportunidad a Rebeca de salir victoriosa, con unos padres que la amaran tal y como era, sin presiones ni durezas.

Para mí fue un alivio saber por qué se habían tenido tantos problemas en la escuela.

«Erick», le decía, «recuerda que ya sabíamos que Rebeca podría necesitar de terapias para sacarla adelante, necesita de nosotros...».

«Gloria», había desesperación en su voz, «¿no te das cuenta que solo hemos tenido hijas con problemas? En serio que ya no puedo».

Me di cuenta de lo vulnerable que era Erick, de lo indefenso que se sentía, de lo mucho que sufría, pero que era incapaz de llegar a ese punto de decir: «Bueno, no importa, vamos para delante...», y él se fue estancando y yo no me detenía para ayudarlo, pues sabía que había una responsabilidad con las niñas y como no me podía recargar en él, peor se sentía. Simplemente, le hacía ver que teníamos un reto, que a Rebeca no le podríamos exigir lo mismo que hasta ahora, ya que tenía seis años cronológicos, pero cuatro emocionales. Menudo problema.

Oraba por las noches junto con Rebeca. Comencé a pedirle a Dios que nos ayudara. Ella me decía:

—Mami, pídele a Dios que pueda entender en la escuela...

Oírla me llenaba de ternura. Rebeca estaba consciente de que algo pasaba y ella misma deseaba mejorar.

—Mami, ¿Dios nos oye?

—Sí, hijita. Claro que nos oye.

—Dile entonces que nos sane, a mí y a Ericka.

—Sí, hijita, tú también se lo puedes pedir.

Y así, de vez en cuando teníamos pláticas teológicas hasta que sus preguntas dejaban de tener sentido y eran solamente un pretexto para no dormirse.

—Ahora sí vas a dormir, Rebeca, que mañana hay que levantarse temprano...

—Pero, mami, déjame decirte...

Y así se la podía pasar, pero me esforzaba en discernir cuándo era realmente importante y cuándo eran pretextos. Yo le hablaba con la verdad. Era una niña sensible y se daba cuenta de todo.

—Hijita, tu hermanita está enferma. Estamos orando por ella, pero lo más seguro es que no llegue a hablar ni a caminar...

Como Rebeca veía a otros niños, constantemente me preguntaba cuándo caminaría.

—Mami, ora por Ericka para que Jesús la sane...

Y claro que orábamos en ese momento y no dudaba ni por un instante que la fe de mi hija tocaría el corazón de Dios. Sin embargo, al pasar el tiempo y al ver que no sucedía nada, las preguntas volvían a aflorar. En una ocasión, estando de plática con el doctor Pardillo, el pastor de la congregación, Rebeca nos interrumpió:

—Doctor Pardillo —Rebeca le decía Yiyo—. ¿Sabes que Ericka está muy enferma?

—Sí.

El doctor comenzó a rascarse la cabeza.

—Pero estamos orando por ella.

—¿Y por qué no la sanas tú? ¿No eres doctor?

Estábamos en el automóvil y yo observaba por el espejo retrovisor las reacciones del doctor, que a estas alturas contestaba con nerviosismo.

—Bueno sí, soy doctor, pero soy dentista. No puedo curar lo que tiene tu hermanita.

Rebeca no quedó muy satisfecha con la respuesta por lo que rápidamente cambiamos la conversación.

Comenzamos a interesarnos en la terapia de Rebeca. La terapeuta hablaba con ella y también con nosotros. Se percataba de que teníamos muchos problemas. Además de lo de Ericka, el comportamiento de Rebeca revelaba que no estábamos nada bien. Era muy fácil culpar a Rebeca, decir que era inquieta, tremenda, imposible, etc. Nosotros mismos platicábamos sus travesuras como anécdotas, como algo muy normal. Lo que vi después era que la gente estaba muy predispuesta con ella. Sí, la veían en acción, pero al añadirle nosotros el relato de todas sus ocurrencias, las personas se tomaban el derecho de censurar a mi hija, diciendo lo terrible y mal portada que era. Ya no me gustó.

Junto con la terapeuta comencé a ver que Rebeca necesitaba un aliado, alguien a su lado. ¡Cómo me llegó esto al corazón! Debíamos amarla a pesar de las quejas, de los informes y de las malas calificaciones, hacerle sentir que había en nosotros un refugio. Pero lo comenzamos a hacer. Me hice de la vista gorda con las quejas y los informes. Cambié mi táctica, simplemente la amaba, la llenaba de atención. Estaba encima de ella, pero dándole a entender que estaba de su lado, a decirle que podía y a animarla a seguir adelante, a decirle lo orgullosa que me sentía de ella...

Al principio yo creía que no me hacía caso, que no entendía lo que le decía, pero poco a poco su actitud comenzó a cambiar. Era la misma niña inquieta de siempre, pero tenía más seguridad en sí misma. Se sentía amada y aceptada y eso fue importantísimo para ella. No, no cambió mucho en la escuela, pero era yo quien debía aprender a amarla y a aceptarla así y a no angustiarme tanto, ni a tomar partido en todas las acusaciones que venían en su contra. Fue un aprendizaje lento, pues Rebeca es capaz de sacar de quicio al mismo Job en persona. Para Erick fue una carga más y ya no podía. Se sentía agobiado, cansado y literalmente no podía con una terapia más, con un problema extra, con otra imposibilidad.

Rebeca dibujaba a su familia, a todos por separado. La terapeuta nos dijo que esos dibujos nos mostraban cómo nos veía ella. Era interesante ver, por ejemplo, que a Erick siempre lo dibujaba dormido y claro, para ella era un padre ausente. ¿Cómo íbamos a reestructurar ahora a nuestra familia? ¿Cuánto le había afectado ya todo lo que estábamos pasando y qué repercusiones tendría más adelante? ¿Se curaría? ¿Tendría esperanza? Pensaba en los jóvenes que me tocaba aconsejar. Había tanta baja estima, multitud de heridas infligidas por los padres, tantos problemas para aceptar el amor de Dios por las familias divididas y desintegradas. ¿Y nosotros? Nos encontrábamos en las mismas condiciones emocionales ¿Tendríamos que ministrarle a Rebeca así en un futuro? Dios mío, cómo me angustié, cómo me dolía estar pensando en mis hijas. Me sentí sola, impotente. Ya no era solo mi vida, ni solo mi matrimonio; ya eran dos vidas que cargaba sola y, por supuesto, ¡ya no podía más!

19

¡Auxilio!

A través de la terapeuta de Rebeca, busqué ayuda. Ella me recomendó una terapeuta familiar pues veía la necesidad de integrarnos al tratamiento de Rebeca, ya que necesitábamos comprenderla mejor y ni nos imaginábamos las consecuencias que tendría viviendo en el desastre donde nos hallábamos. Con renuencia hice cita con la mujer recomendada. Me dolía el estómago al pensar decírselo a Erick. De entrada sabía que rechazaría ponerse en manos de una persona no creyente como nosotros. Ya escuchaba un ¡no! rotundo. Para tranquilizarme investigué bien qué estudios tenía y supe que era una persona profesionalmente preparada, médico siquiatra y su especialidad entre otras era la de terapeuta familiar.

Asistí con recelos a la primera cita. Lo primero que solté fue un:

—Mire, somos cristianos y me da pena estar aquí porque sé que puedo salir adelante con el Señor. Creo firmemente en su poder, pero estamos estancados y sé que necesitamos ayuda. Mi esposo no va a querer venir porque también él cree en Dios y cuando sepa que usted es siquiatra, pondrá el grito en el cielo. Repito, somos cristianos y, además, servimos a tiempo completo en la iglesia. Ya sé que no vamos a serle de testimonio a usted, pero quiero decirle que Dios cambió nuestras vidas. Sin embargo, algo anda mal y por eso estoy aquí.

Acto seguido y sin parar, le conté todo sobre Paola, Ericka y Rebeca. La doctora me escuchó atenta y en silencio. Tras el recuento de todas mis penas, ella siguió guardando silencio, pensativa.

—¿Cómo ve esto? ¿Nos puede ayudar o...?

—Gloria —dijo con voz pausada—, has pasado por mucho. ¡Qué situación tan difícil! ¡Qué triste es lo de tus hijas y para nada me extraña que tengas estos problemas! Sí, te puedo ayudar y también te quiero decir que no soy creyente, pero no pretendo invadir ese campo tan especial para ustedes. Se trata de una terapia, no de imponer ideas ni ofenderles, sino tratar de ayudarles a salir adelante con estas niñas que Dios les dio...

No era lo que me había imaginado. Esperaba puros rollos sicológicos o frases de: «Freud dice, Jung comenta, etc.». Echarnos quizá toda una serie de ideas que hasta se contraponen con lo que uno cree.

Platiqué con ella acerca de dos horas y al salir de su consultorio sentía que ese era el camino, la ansiada luz al final del túnel. Sentí paz porque Dios *utilizaría* a la doctora para ayudarnos. Claro, ella era su instrumento. Ahora faltaba decírselo a Erick. ¡Dios! ¿Cómo reaccionaría?

—Erick, fui a ver la terapeuta que me recomendó Ángeles...

—Ángeles. ¿Qué Ángeles?

—La terapeuta de Rebeca...

—¿Y?

Me armé de valor.

—Creo que nos puede ayudar y mucho. Si nos ayuda, podremos ayudar a Rebeca.

—¿Es cristiana?

—No, pero...

—Estás como operada del cerebro. ¿A quién se le ocurre ir con una loquera que ni es creyente? Si oráramos más, si nos pusiéramos de rodillas más seguido, te aseguro que veríamos cambios. ¿Piensas que Dios no es suficiente?

—Oramos, Erick, y no veo cambios.

—Yo digo: ¡más!

Sentía que tenía razón, pero también sabía que esta doctora podía ser la respuesta a nuestras oraciones. Era ahora o nunca. Me puse como leona.

—¡Pues si no vamos, lo nuestro se acabó! ¿Oíste? ¡Se acabó!

Fue un grito desesperado de ayuda, un «Por favor, reacciona». Debí decirlo con tanta convicción, que Erick accedió a ir...

La doctora nuevamente oyó «nosotros somos cristianos, etc.» de labios de Erick, quien terminó su perorata diciendo:

—Si oráramos más, no estaríamos aquí...

La doctora lo miró y con mucha humildad le dijo unas palabras que para mí fueron luminosas.

—No pretendo quitarle el lugar a Dios, quizá puedo ser un instrumento de él para poner mi granito de arena y ser parte de la sanidad de su matrimonio...

Era la confirmación esperada. Sí, ella podía ser un instrumento de Dios, aunque no fuera cristiana.

Quizá a muchos esto les cause un corto circuito, pues sería lo último que harían en su vida cristiana. Había oído decir que buscar a un psicólogo o a un siquiatra equivalía a no confiar en Dios. Que decían cosas que se contraponen a su palabra, que uno acabaría dependiendo del «loquero» y no del Señor, y que ir a ese tipo de consultas era exclusivamente para personas graves, casi de atar, pero a nosotros nos ayudó tremendamente.

No dudo que haya a quienes les encante ir a ver sicólogos toda la vida, depender de ellos, y de sus pastillitas si las cosas van mal. Hay casos muy distintos que no pienso juzgar, ni quiero hacer de ello una doctrina, ni mucho menos convencer a nadie de nada. Mi deseo es contar mi historia y cómo Dios utilizó ciertas cosas que nos ayudaron a restaurar nuestro matrimonio y la gloria es toda de él. Dios obró así con nosotros y una cosa teníamos clara: no íbamos a asistir toda la vida a esta doctora. Tarde o temprano tendríamos que tomar las riendas de nuestra existencia. En este momento, no podíamos hacerlo, estábamos desorientados, exhaustos y nos parecía inverosímil que necesitáramos terapia. ¡Cómo! ¡Si ni siquiera es creyente!

Que yo sepa, no hay terapeutas profesionales cristianos. Tal vez existen, pero yo no conocía a ninguno. Nuestros líderes estaban saturados de consejerías y no dudo ni por un instante que con gusto nos hubieran ayudado aunque lo reconozco, ninguno tiene estudios profesionales en este campo. Cierto, tienen la unción y la sabiduría dada por el Señor por medio de su Espíritu, pero a estas alturas ya no estábamos dispuestos a pedir ayuda. No queríamos cambiar, ni oír lo mal que estaba uno o el otro. Quizá no teníamos la confianza suficiente para hablar de aspectos íntimos con nuestros propios compañeros de liderazgo. Algo era seguro, ninguno había atravesado por una situación como la nuestra. Era difícil, si no imposible, abrirse. Era impensable para Erick hablar de lo nuestro delante del liderazgo. Yo respetaba su opinión y no intenté insistir más sobre ello.

Por otro lado, me invadía la frustración de no poder sacar todo lo que bullía en mi interior sin incomodar a Erick. Cuando llegábamos a hablar con alguien, invariablemente Erick me decía al salir: «Eso te dijeron porque están de tu lado, o dijo eso porque es mujer y no entiende lo que pasa con un hombre».

Cada vez que alguien me daba la razón, la lista de las objeciones se hacía más extensa. Me encontraba más que dispuesta a reconocer mis errores, pero llegó un momento en que la aflicción me rodeó y no estuve en la postura de aceptar *nada*, ni que tuviera un problema, ni que tuviera que ceder. Había llegado al límite de mis fuerzas.

Después de pasar una hora con la doctora, quedamos en asistir una vez por semana. Solamente mi familia sabía de esto, nos apoyaron y nos motivaron para que no dejáramos de ir, pues se percataban de lo que estábamos pasando y de la tirantez existente entre ambos. Nunca dejaré de agradecerle al Señor el apoyo familiar que tanto Erick como yo recibimos de mamá y mis hermanos. Siempre nos escucharon y nos tendieron la mano. Los amo tanto porque sé que sin ellos, simplemente no hubiera sido posible pasar todo esto. Lo bueno es que Erick también lo reconoce así.

Sabía que Erick había accedido a asistir porque me vio desesperada, pero iba dispuesto a no soltar prenda, a no participar y a ser solo un espectador. Eso creyó él. Recuerdo las primeras citas en que la doctora comentó que yo llevaba toda el aspecto emocional del matrimonio y Erick la parte intelectual. Que lo normal era contarlas, pero en nuestro caso, recaía en mí todo lo emotivo porque Erick protegía sus sentimientos y emociones y, por lo tanto, era incapaz de sentir. Bíblicamente debemos evitar guiarnos únicamente por las emociones, pero las mujeres somos muy propensas a sacar el violín y vivir la vida como telenovela. Por ello, debemos dejar que el Espíritu gobierne nuestra alma. Sin embargo, yo cargaba con todo, porque Erick se protegía tanto en este aspecto que hasta era anormal no demostrar dolor, ni desesperación, angustia, ni nada. Ni un sentimiento.

En una ocasión, estando en el consultorio, me puse a llorar como loca, expresando mis frustraciones y enojos, mientras Erick en silencio veía sin mirar hacia algún punto de la habitación. No decía nada, ni se movía. Carmen, la doctora, al no ver reacción alguna en su rostro, se giró para preguntarle:

—Y usted, Erick, ¿qué piensa de lo que Gloria acaba de decir?

Erick se remolineó un poco en el sillón.

—Creo que Gloria exagera mucho.

Carmen guardó un silencio elocuente mientras lo escudriñaba a los ojos.

—¿Sabe Erick? Me tiene impresionada. En todo este tiempo ni siquiera ha volteado a ver a su esposa, no la ha consolado al verla llorar. Es como si usted tuviera un caparazón a su alrededor, una armadura que le impide actuar y sentir.

Lloré más fuerte. Fue cuando Erick hizo el intento de abrazarme. Carmen había descrito una situación cotidiana. La indiferencia de Erick era cada vez mayor y yo pensaba que él se sentía chantajeado por mis arrebatos emotivos, exageraciones, como las llamaba. Sin embargo, amor y atención a gritos eran peticiones que chocaban en esa armadura impenetrable descrita por Carmen.

Reflexionamos largamente en lo que nos iba diciendo la doctora. A veces estábamos de acuerdo, otras no, pero conforme las analizábamos, veíamos que tenía sentido lo que nos explicaba. A veces, al salir de las terapias nos dábamos unos agarrones de aquellos porque, o Erick se enojaba de que a mí no me pareciera nada, o la enfurecida era yo por su renuencia a hablar. Sí hablaba, pero para criticar lo que no le parecía acertado.

Carmen nos hizo contarle anécdotas, nuestras preocupaciones por las hijas y nos ayudaba a ampliar y a balancear nuestro horizonte. Cuando hubo necesidad de buscar escuela para Rebeca, nos centró al decirnos que no nos afanáramos en buscar la mejor súper escuela: «Después de todo, ¿qué aprenden los niños en primaria? Solo lo básico, lo más importante viene después. Así que, no se alteren y tengan en mente que no le están buscando carrera, sino simplemente lo mejor para ella». O: «Quítenle la presión, Rebeca no necesita que las normas de un sistema la califiquen. Pasito a paso alcanzará su madurez sin necesidad de empujarla tanto».

Descansamos, aunque yo ya había peinado toda la ciudad en busca de la escuela ideal; pero en todas, a causa de su conducta, me la habían rechazado. Fuimos a una pequeña escuela. En el salón habría unos seis niños. Expusimos nuestra situación, el por qué repetía año y si la escuela estaba dispuesta a aceptarla.

«Pero por supuesto que sí», dijo la encargada, sonriendo. «Bienvenida, trabajaremos juntos por sacarla adelante».

¡Ay, qué alivio! Un peso menos. No era la gran escuela, pero habíamos hallado quien la ayudara a salir adelante. Me relajé. La maestra tenía una paciencia y un amor muy especiales por

Rebeca. Veía que la trataba con mucho interés, a su paso, no importando que no fuera al nivel de los demás alumnos. Algo tenía esta mujer que me llamaba mucho la atención. ¿Cómo su amor podía ser tan especial por una criatura que no conocía? Rebeca podía ser una niña muy tierna, como también ser grosera e impaciente y esto no parecía importarle a su maestra. La toleraba y perseveraba en tratarla con amor. Más tarde me enteré que esta maestra estaba pasando por una prueba durísima. Su hijo mayor, de doce años, tenía un daño cerebral muy severo y afrontaba muchos problemas, por lo que requería que lo atendieran como un bebé. Es impresionante ver cómo estos niños tan especiales marcan nuestro comportamiento, sobre todo con criaturas que también tienen problemas.

Pruebas así nos hacen tener una paciencia y un amor para con ellos que en circunstancias normales no tendríamos. Tarde o temprano, con terapias y paciencia, Rebeca florecería. La doctora Carmen nos iba ubicando en aspectos donde constantemente nos atorábamos. Nos decía que teníamos que llegar a acuerdos para que funcionaran las cosas. Nuestros canales de comunicación se habían viciado y ya no nos escuchábamos. Sugería que abriéramos otras vías de comunicación para llegar a conclusiones mutuas, quedando ambos a gusto. Como por ejemplo, la atención a las niñas. Ella le explicó a Erick que yo necesitaba un tiempo para mí, un espacio para hacer lo que se me viniera en gana, sin la presión onerosa de mis hijas. Que se podían balancear esos tiempos, que si él deseaba una esposa contenta, tenía que poner de su parte. Poco a poco, Erick comenzó a darme esos espacios y la nube negra que cubría mi matrimonio dejó de ser espesa e impenetrable como yo la veía.

«Gloria, usted no puede marchar como es debido mientras le guarde resentimiento a Erick...». Casi me desmayo al oír las palabras de la doctora. ¿Resentimiento yo? ¿Cómo? ¿A qué horas? No es posible, si lo primero que aconsejo a los que acuden a mí es precisamente eso, no tener resentimientos...

Y la doctora con calma analizaba las anécdotas que yo misma le había contado, sacando ejemplos de un resentimiento químicamente puro. Era cierto. No lo había reconocido porque estaba cegada. El diablo se había aprovechado para tejernos una telaraña de situaciones que nos impedían ver nuestros errores. Esto me ayudó a orar mejor. Al darme cuenta que guardaba resentimiento, el perdón entraba sin dificultad. Como cristiana, sabía lo que tenía que hacer. Habría cambios porque nos estábamos abriendo y reconociendo el mal que había en nosotros y no solo en el otro.

Erick participaba muy poco. Carmen iniciaba las sesiones con un:

—¿Cómo están? ¿Cómo les ha ido?

A lo que Erick contestaba con un cortés, pero lacónico:

—Bien.

Pero enseguida volteaba a verme y añadía un invariable:

—¿O no?

Esto me crispaba haciéndome soltar una letanía de quejas y frustraciones. Erick se cerraba y no abría la boca más que para decir:

—Pues yo me siento igual con ella y si no hablo es para no exponerla.

Punto. Yo le suplicaba que hablara para saber lo que tenía adentro y así saber de qué manera yo lo afectaba a él. Para Erick, las cosas no eran para tanto y todo se reducía a exageraciones.

—Cualquiera que te oyera diría que te casaste con la bestia apocalíptica y para nada ¿eh?

—Tú percibes las cosas de una manera y él de otra y ambas son válidas e importantes —concluía Carmen.

Pese a todo, poco a poco a Erick le fue penetrando. Se habló de paternidad y Erick tuvo que reconocer que no tenía una imagen clara de lo que es ser padre. El suyo había muerto y por consecuencia, no interactuaba con sus hijas sencillamente porque no sabía cómo. De pronto, se fue abriendo a cosas que ni yo me imaginaba. Tanto fue así, que Carmen decidió ver a Erick a solas, no porque yo no pudiera escuchar, sino para que él se pudiera franquear en aspectos que no trataría delante de mí. Después de estas sesiones, Erick me dijo:

«¿Sabes? Empiezo a ver cambios pequeños, pero están sucediendo.

A Dios sea la gloria.

Describir todas las sesiones sería imposible. Mi percepción era una, la de Erick otra y la de la doctora otra. Hubo sesiones decisivas, como cuando Carmen le explicó lo importante que era el embarazo para la mujer a fin de dar a luz después. Esta es una etapa indispensable en la vida de las mujeres en la que realmente se sienten productivas, para tener entre sus brazos el fruto de nueve meses de espera. Le dijo, además, que la mujer crece con sus hijos, madura con ellos y vive a su lado todos los aspectos, y que conmigo no había sido así. En mi etapa más fecunda, mis dos frutos habían salido mal. Eso hacía que me sintiera frustrada, estéril y al no crecer con ellas normalmente, también yo me había estancado como madre. Rebeca, aunque era la excepción, también requería de especial atención y formaba parte de mi dolor y tristeza. También, que ella misma se impresionaba de ver cómo había yo salido adelante, aunque no del todo ilesa. Esa esfera necesitaba sanidad. Yo sabía que nadie, solo Dios, restauraría esa parte de mi vida que Carmen con tanta certeza nos expuso.

En lo personal, reflexionaba por qué necesitaba que Erick fuera ese árbol frondoso y firme al cual asirme. ¿Por qué dependía de eso para sentirme bien? Yo le creía justo, así tenía que ser, pero estaba equivocada. Mi fuerza no saldría de Erick ni de mí, sino de Dios. No podría depender de Erick. Él también sufría aunque no lo expresara. Erick también descubrió aspectos íntimos, muy personales, cosas con las que nunca se había enfrentado, pero que habían afectado grandemente su vida y su interacción conmigo y con las niñas. Fue hermoso ver cómo Dios fue echando fuera tanta basura, tantas cosas ocultas que lo afectaban, impidiéndole sentir. Había sufrido tanto en su niñez que puso una barrera para no sentir más, no ser parte del dolor ni del sufrimiento, y todo esto se estaba reflejando ahora. Carmen lo diagnosticó con depresión, pero no solamente una simple depresión, sino depresión profunda. Erick peleaba el diagnóstico después de haber realizado los exámenes pertinentes diciendo: «¿Dónde está el examen, dónde contesté mal? ¿Depresión? Eso es solo para señoras que se quedan en pijama y en la cama». Pero por más que peleó el diagnóstico por fin lo aceptó. Tenía sentido. Todo su comportamiento era el de una persona con una tristeza profunda y en su caso no le ayudaron las vivencias de su vida y ahora enfrentar el dolor de la muerte de dos hijas rebasaba sus fuerzas. Pronto comenzó a haber un entendimiento mutuo en nuestras reacciones. Una aceptación de amor, un comienzo de sanidad para nuestro matrimonio y un nuevo acercamiento. No fue fácil ni rápido, llevó mucho tiempo y mucha oración. Llegué a creer que no nos culpábamos por lo que habían pasado a nuestras hijas. Como los dos éramos portadores de la enfermedad, no había a quién culpar, pero nuestras acciones decían todo lo contrario. Veladamente, cada reclamo, cada disgusto o tensión, ponía de manifiesto que rechazábamos nuestros genes. Suena raro, ¿verdad? Pero después de hurgar en nuestros antepasados, culpábamos inconscientemente a nuestras familias, a nuestros orígenes, a nuestros genes con la enzima baja. Decíamos siempre: «Si Erick y yo nos hubiéramos casado con otras personas, nada de esto hubiera sucedido». Lo repetíamos para explicar la enfermedad de nuestras hijas. Ahora, ¿cuánto nos culpábamos por habernos casado con la persona no idónea genéticamente? ¿Cuánto deseábamos zafarnos de la relación con los pleitos y rechazos, ya que sin decirlo y muy adentro nos habían afectado esos genes enfermos? No había lugar a dudas de que nuestro matrimonio había sido de Dios. Erick era mi esposo por el cual había orado largamente y yo la esposa por la cual él tanto había pedido. En medio de este vértigo interior, Dios nos recordaba el compromiso, el pacto que habíamos hecho delante de él, ya fuera en las buenas o en las malas, en la salud o en la enfermedad, y esto desde luego incluía a nuestras hijas enfermas.

Carmen me dijo que yo era una controladora.

—Perdón. ¿Controladora yo?

Sentí como palidecía ante la acusación, a mi juicio, injusta.

—Sí —agregó, siempre con calma y sonriente—, tú vives las reacciones de tu esposo. Si participa en una forma que a ti no te agrada, entonces es malo. Si hace bromas que no te gustan, entonces lo criticas. Si no se duele como tú deseas que lo exprese, te enojas. Lo quieres obligar a ser como tú quieres que sea y eso se llama control.

Me lo dijo con sutileza, con tino, con sabiduría y en el momento adecuado. Gracias a Dios por esta doctora. En otras circunstancias jamás lo hubiera aceptado. ¡Qué triste era enfrentarme a algo que jamás pasó por mi mente: que yo pudiera ser una controladora! «¿Y qué hago? ¿Cómo me lo quito?». «Deja a Erick ser como es. Si no quiere hablar, que no hable. Si desea hacer chistes, que los haga. Si participa, bien, y si no, también. Participa tú, llora tú y sé feliz tú...». ¡La liberación absoluta llegó a mi vida! Me costó trabajo, pero comencé a reconocer cuándo quería controlar. Y al ser libre yo, participara o no Erick, empecé a disfrutar de nuestras salidas sociales. La alegría apareció, Erick también tuvo que ajustarse al cambio. Era independiente de Erick, no codependiente de él. Ambos teníamos una adicción, yo era adicta a Erick y él a mí. Al soltarlo y dedicarme a hacer lo mío (en el mejor de los sentidos) encontré el secreto de la libertad. Podíamos estar juntos y a pesar de ser tan diferentes, ser felices. A Erick le tomó más tiempo digerir el cambio. No reconocía con facilidad sus particularidades, pero para mí eso ya no era lo importante. Me estaba ubicando y saliendo de esa jaula que tanto me agobiaba, para ser más efectiva con mis hijas y con mi matrimonio.

Cuando comencé a ser independiente, Erick sufría, pues no asimilaba que yo lo pudiera amar sin estar pegada a su lado las veinticuatro horas del día. Él tenía que encontrar su vida, independiente de la mía, con amigos, en actividades, en aficiones distintas que enriquecerían su existir. Le fue difícil ver que me ahogaban su dependencia e inseguridad. Yo quería correr lejos, encontrar el balance adecuado, enfrentando y reconociendo mis actitudes negativas. Definitivamente, el diablo estaba perdiendo una batalla con nosotros.

Otro aspecto importante de mi vida era el amor propio. Pensé que ya no batallaba con esto porque desde que me rescató el Señor, daba por hecho que había superado este tipo de situaciones. Carmen las llama «trampas de la mente», yo «trampas del diablo», porque es el terreno predilecto donde trabaja, haciéndonos regresar hasta caer en situaciones de las cuales Dios ya nos ha librado. A veces Erick hacía comentarios que me herían y yo presta, me ponía el saco de inmediato. Bromas o cosas que sabía que me dolían, Erick las hacía sin pensar. En una ocasión salimos con Ericka a una tienda, la pusimos a ella en su cochecito y le acomodé su pomo con una almohadita para que bebiera mientras comprábamos. De repente, una señora me detuvo indignada:

—Oiga, ¿cómo se le ocurre dejarle el pomo así? ¿No ve que puede ahogarse?

Yo esperé a que mi príncipe consorte saliera a defenderme a capa y espada, y todo lo que dijo fue:

—¿No tendrá razón la señora?

Casi le arranco los ojos. Le di un empujón al cochecito para retirarme, no sin antes decirle:

—A usted, ¿qué le importa, vieja *metiche*?

—¡Me importan los niños! —alcanzó a gritarme.

A Erick desde luego, le dije hasta la despedida. No podía creer que le diera la razón a esa desconocida. Después de todo, yo ya tenía experiencia con dos hijas en iguales condiciones, esta, ¿qué va a saber? ¡Para qué gasto tinta describiendo el pleitazo que nos echamos! Dios de mi vida, fue terrible.

Cuando se lo comenté a Carmen, ella lo analizó. Esa mujer me había dicho que no sabía ser madre, había tocado una fibra muy sensible de mi autoestima como mamá.

Y para empeorar las cosas, quien debía de defenderme no lo hizo. Como afirmando que no sabía ser mamá. Fue importante que Erick supiera por qué para mí ese incidente había sido capital. Carmen nos dio por separado toda una lección de autoestima que en mi caso se resumía en que la mía no dependía de Erick, y cada vez que él hiciera algo parecido, yo tendría que decirle que me había herido y que por favor no lo repitiera.

Lo intenté y resultó. En una ocasión Erick hizo un comentario en broma de algo que me molestó y yo, sin perder el estilo, le dije que me había herido.

«Por favor, no lo vuelvas a hacer, que maltratas mi autoestima...».

¡Resultó! Me entendió perfectamente y no volvió a hacerlo. Erick es bromista por naturaleza y no quise con ese comentario cortarle su sentido del humor; simplemente, yo estaba aprendiendo a poner límites en asuntos que hasta esta época no había hecho, viviendo resentida y herida.

A su vez, Erick fue cambiando. Terminó por aceptar que necesitaba medicamento para controlar su profunda depresión y al hacerlo comenzó a ver la vida de una forma muy diferente. Como padre era más paciente con Rebeca, más sensible a sus necesidades y, con trabajo, se empezaron a ver cambios. Poco a poco se fue enfrentando a sus debilidades y problemas. Nos costó bastante tiempo comprender todo eso. Es un aprendizaje de toda la vida. Para mí, lo más importante fue entender que no podía esperar que mi cónyuge fuera la roca, el árbol fuerte, el Rambo que todo lo puede y que sus sentimientos los deja atrás, con tal de hacerme la vida perfecta. Imposible. Solo Dios puede ser ese alguien tan invencible, poderoso, grande, fuerte e inconmovible como para refugiarnos en él, cimentarnos en él, recargarnos en él porque solo de su presencia mana todo el consuelo y la fuerza para levantarnos en amor cuando nos hallamos en el suelo.

Quizá usted no se encuentre en una situación así. Quizá su problema no sea igual. ¡Qué bueno! Lo que sí le puedo decir es que pasará por dificultades en su matrimonio. De esto nadie se salva y cuando se halle acorralada, recuerde que hay un Dios que tiene solución para todo, siempre y cuando estemos dispuestos a reconocer que usted o él, o los dos, tienen problemas. En nuestro caso, sé que la doctora fue un gran instrumento de Dios para restaurarnos. Para poder arrodillarnos y decir: «Señor, soy así, ayúdame a cambiar», y dar el primer paso al cambio. Dios se encarga del resto.

20

CAMBIOS Y MÁS CAMBIOS

Ericka era una niña bella. Crecía y me gozaba comprándole ropita cómoda porque su estómago era enorme y su hígado y vaso no dejaban de crecer y no quería lastimarla con nada. Era de esas niñas que de inmediato inspiran ternura, no solo por su enfermedad, sino por esa mirada tan especial que tenía. Sus convulsiones fueron menos dramáticas que las de Paola. No menos preocupantes. Cualquier indicio extraño, de inmediato corría al neurólogo. Comenzamos a notar que sus convulsiones venían anunciadas con sonrisas y carcajadas antes de que se perdiera en espacios como lagunas. Me impresionaba, pues eran las únicas ocasiones en que podíamos escuchar su voz, su tierna y frágil voz. Ericka lloraba, después venían esas carcajadas que luego se convertían en gritos desesperados, presagiando el ataque. Cuando esto ocurría, dejábamos todo para correr a su lado y atenderla. Yo la tomaba entre mis brazos sin dejar de repetirle: «Hijita, ya va a pasar, aquí estoy contigo, no tengas miedo, Jesús te ama y no va a permitir que te suceda nada». Aunque estas convulsiones no eran muy frecuentes, gracias a que las atendimos a tiempo, la medicina logró casi detenérselas por completo. Esto no quitaba los sobresaltos que sufríamos, pero nos hallábamos ahí para brindarle nuestro apoyo y nuestro amor.

La relación de Rebeca con su hermana era del todo incomprensible para mí. La veía como una niña normal. Le hablaba de ella a todo el mundo y la quería llevar a cuanta actividad hubiera en la escuela o en alguna fiesta infantil. Para mí esto era en extremo difícil, ya que Ericka no estaba para exhibirse. No porque me diera pena, sino por la incomodidad que para ella representaba salir de su casa. Rebeca no lo entendía.

«Mamá, por favor trae a Ericka, se la quiero enseñar a mis amigos de la escuela. Quiero que vean que también tengo una hermanita...».

La llegué a llevar, pero cuando veía las caritas de sorpresa de sus amiguitos y el desconcierto de no saber lo que sucedía con ella, me embargaba la pena, pues los niños suelen ser muy crueles y para nada quería que bombardearan a Rebeca con preguntas, burlas ni malos tratos. Sin embargo, Rebeca les contestaba: «Mi hermanita está enferma y estamos orando por ella para que Jesús la sane», y luego se volvía a mí: «Mamá, ¿pueden mis amigos orar por Ericka para que le pidan a Dios que la cure?». Y los niños, con esa fe que mueve montañas, se unían a la causa viendo la tranquilidad con que Rebeca actuaba.

Trataba de invitar a amiguitos a comer y era difícil evitar las caritas de los niños cuando conocían a Ericka. Llegué a sentirme tan mal por cualquier comentario hiriente que le hicieran a Rebeca, que poco a poco dejé de recibir a invitados en la casa. Sin cesar tenía que decirle a Rebeca lo que estaba sucediendo con su hermana, en especial cuando preguntaba:

—Mamá, ¿cuándo va a caminar Ericka? Todavía no lo hace porque está chiquita, ¿verdad?

—No, Rebeca, tu hermana nunca va a caminar porque está enfermita...

Y Rebeca lanzaba una mirada de angustia hacia la cuna...

—¿Se va a morir?

Se me hizo un nudo en la garganta.

—Sí, cuando sea el tiempo, tendrá que dejarnos para irse a vivir con papá Dios.

—Yo no quiero que se muera, mamá, quiero que esté conmigo. ¿Por qué Dios no la sana para que juegue conmigo?

—No te preocupes, hija, quiero que sepas que Dios es bueno, aunque tu hermanita se vaya con él. A veces cuando terminamos de hacer lo que tenemos que hacer aquí, él nos lleva a su presencia. No te preocupes, Ericka va a estar muy bien.

De vez en cuando, teníamos estas conversaciones porque sabía que Rebeca se tenía que ir preparando para cuando llegara el momento. Sin embargo, la gente no ayudaba mucho a que esta situación se viera lo más normal posible. Era como la adopción. Si Rebeca veía que era algo totalmente natural, no tendría por qué tener traumas ni cosas raras pasándole por la mente. Nunca se engañó. Así eran las cosas. Con lo de Ericka, Rebeca tenía que estar advertida. La gente se sorprendía al ver su actitud tan normal. Su desparpajo al decir: «Mi hermanita se va a ir pronto con el Señor. La vamos a extrañar, pero va a estar muy bien». Cuando lo decía, yo deseaba meterme debajo de la mesa, pues era demasiado atrevida para decir estas cosas. Para mí esto era sano, la gente... Bueno, esa es otra historia.

Yo ya no era la misma de antes. Quería huir cuando las personas me rodeaban con curiosidad o con un interés malsano. En una ocasión en que fuimos a visitar a Fernando, la antesala estaba llena de niños con sus padres y fueron tales sus miradas que no resistí más; tomando mis cosas me metí al consultorio sin pedir permiso. Las recepcionistas trataron de detenerme, pero una vez dentro, Fernando me vio tan alterada que me recibió. Lloraba amargamente.

«Perdón, Fernando, pero es que no soporto esas miradas de horror, de lástima...».

Desde ese día, Fernando dio la orden de que una vez que yo apareciera, me dejaran pasar de inmediato. Estaría en un consultorio vacío hasta que él pudiera atendernos. Dios lo bendiga. Sabía que era algo que yo tenía que superar, pero si lo podía evitar, lo haría con gusto. Ya no tenía la fuerza de antes ni la capacidad de enfrentar con amor y paciencia a esas personas con cara de mil preguntas. Definitivamente, ya no podía hacer las proezas de antes.

Señor, oraba, *pensé que ya había superado esto. Ahora siento que he retrocedido, pues es peor que antes...*

El reto de cada día: saber que siempre habrá personas así, como también otras que nos levantarán y edificarán. Después de todo, no soy la primera ni la única en vivir este tipo de situaciones. Sin duda, hay muchas personas que experimentan aspectos incluso peores que los que yo pasé y están enteras y con paz. Hoy, yo me siento así, gracias a mi Señor. Aunque he de reconocer que muchas veces me sentí la más vil de las incrédulas cuando mis actitudes no eran las idóneas en cada situación. Sé que mucha gente podrá justificarme diciendo que era lo normal, pero cuando uno sabe que Dios ya le dio la capacidad y las armas para salir adelante y decide no hacerlo, pasa a ser peor que un no creyente, ¿o no? Por eso sigo convencida de que el Señor usa todo para quitar las actitudes más nefastas. Mientras más pronto logre mantener la paz, el gozo y el amor por el prójimo, sean las circunstancias que sean, más rápido también pasará la prueba y será más que vencedor.

Sé que se dice fácil hasta que lo tenía que poner por obra cuando me enfrentaba a las diferentes situaciones que llegaba a vivir o con Rebeca o con Ericka. En una ocasión quise meter a Rebeca a clases de lo que fuera para que se entretuviera y conociera a más niños. Pronto, el rechazo no se dejó esperar. Un día, la inscribimos en clases de ballet. Ella estaba feliz y yo también. Hicimos el sacrificio para que disfrutara de algo diferente, así que le compré su payasito, sus mallas y una faldita con la que se sentía como en sueños. No pasó mucho tiempo sin que la notara a disgusto.

—¿Qué tienes, Rebeca, por qué no quieres ir?

—Es que las niñas se burlan de mí...

¿Burlas con mi hija? De inmediato me entrevisté con su maestra.

—Señora —me dijo con un dejo de pena—, lo que sucede es que Rebeca quiere dar la clase, no deja que la imparta yo y así como...

De nuevo a buscar otra cosa. Tuve que soltar a mi Rebeca y entregársela al Señor: *Padre Celestial, en mis fuerzas he procurado todo para hacerla feliz, crearle buenos recuerdos para que no sienta la presión de su hermana, pero ya no puedo. Por favor bórrale todos estos momentos tan malos y llénaselos de belleza, de amor y, por favor, ayúdanos a ser los padres que ella necesita que seamos.* En realidad, Rebeca no sufría tanto como yo lo imaginaba. Sí, podíamos evitar algunos sucesos que le hacían impacto, como pelear delante de ella o darle excesiva atención a su hermana, pero siempre se buscó el balance y todo esto con la ayuda de Carmen, quien con sus consejos evitó que me deshiciera de angustia. Quería evitarle tantas cosas a Rebeca que la estaba convirtiendo, me parecía, en una niña insegura y miedosa. Me sorprendió sobremanera oír de diferentes personas comentarios tales como: «Oye, tu hija es inteligentísima» o «Es lo máximo», «¡Qué linda es Rebeca!».

De pronto conocí un aspecto desconocido de mi hija, que había permanecido oculto bajo un alud de quejas. Cambió mi manera de verla. Dejé de presionarla y, entonces, Dios aprovechó para llamarme la atención y decirme: «Mira lo que estoy haciendo con mi escogida. Date cuenta que es un tesoro, no una niña que solo necesita terapias y atención. Escucha lo que otros verdaderamente ven y que tú misma no puedes ver...».

—Oye, Gloria, tu hija es estupenda, hace unos comentarios extraordinarios...

—Es muy tierna.

—¡Qué bárbara! Esta criatura está creciendo mucho y es adorable.

Los comentarios se multiplicaron y así como la gente le hace tener una opinión adversa sobre los hijos de uno, Dios utiliza a otros para edificarle y hacerle ver lo grande y positivo que hay en ellos. Era una niña que merecía todo nuestro respeto, amor, apoyo y aceptación. La niña, que a pesar de todo, veríamos crecer, en la que nos realizaríamos como padres, quien nos brindaría momentos hermosos, nuestra heredera y quien disfrutaría todo lo que nuestras hijas biológicas no pudieron realizar. Era la que Dios había escogido para un propósito. Era su instrumento para nosotros y para otros. Una bendición de amor, un recipiente vivo para moldearla con las cosas de Dios para su honra y gloria.

Cuántas cosas estaba aprendiendo con mis hijas. Nos angustiamos pensando que no somos las madres idóneas. Sin embargo, Dios nos da la gracia y la sabiduría para cumplir nuestro papel lo mejor posible. Como dice la Palabra de Dios: «Los padres, aun siendo malos, dan buenas dádivas a sus hijos».

No, no somos perfectas, ni lo seremos. Vamos aprendiendo al lado de nuestros hijos y sobre la marcha nos vamos preparando, dependiendo de su edad, de sus necesidades, sin pensar que los problemas que vendrán serán grandes o pesados como los que experimentamos en esos momentos. Por eso, Carmen me decía que este era el tiempo para que Rebeca se sintiera amada y aceptada, para que llegara a ser una linda adolescente y no una «rebelde con causa».

Ericka, mi amada Ericka. En la paz y la calma de la noche antes de que Erick regresara y después de haber arropado y dormido a Rebeca, la arrullaba y hablaba con ella como si se tratara de una persona mayor. «Perdóname, hijita, por no ser la mamá que deberías tener, perdóname por pelearme con tu papi, por ser tan egoísta, perdóname por todo... te amo y quiero que sepas que eres lo máximo para mí. Que el Señor te ama y que tal vez muy pronto conocerás a tu hermana Paola. Quiero que sepas que te voy a extrañar tremendamente y también lo mucho que te amo, que nunca has sido una carga para mí, sino al contrario, eres una bendición muy grande. Te amo, mi niña, te amo».

Y la cubría de besos. Ella me miraba con ternura a través de sus grandes ojos, fijamente, como si entendiera de qué le hablaba. Le sostenía su manita en la mía y me la apretaba fuerte cuando yo le hablaba. Eran momentos que ahora recuerdo y extraño, porque pocas son las ocasiones en que podemos hablarles así a nuestros hijos. Confesarles que hemos obrado mal, pedirles perdón, decirles todo lo que significan para nosotros. A veces no nos abrimos por temor de perder autoridad ante ellos, pero es todo lo contrario. Cuando reconocemos nuestros errores, ellos pueden confiar más en nosotros y conocer la verdad. No tienen padres perfectos y pedirles que oren por nosotros para que el Señor nos ayude, une tanto a padres como a hijos. Esto no es fácil, por los temperamentos.

Es increíble cómo a través de mis hijas pude valorar las prioridades que Dios nos da. Cierto, el ministerio viene después, mucho después de nuestra familia. Aunque ya no dirigía la alabanza en algunos grupos de mujeres, solo podía asistir a otras reuniones si había quien cuidara de mis niñas. Claro, me frustró no asistir a todo, pero mis hijas estaban primero. En ocasiones, otros no entendían por qué a veces no podía asistir a algún programa, ya fuera para cantar o ministrar. «Es del Señor, ven», me decían. Y de sobra conozco la presión de organizar un programa para que luego los líderes en los que uno ha pensado le digan que no pueden estar. Lo peor era que yo me moría de ganas de asistir. «No puedo por mis hijas», decía yo, y se me quedaban viendo con cara de: «Eso no es importante, ven con nosotros» o «¿Qué pretexto es ese?». No faltó quien se molestara. Mi posición en el servicio a Dios fue y ha sido muy clara. Pero todo tiene un tiempo.

Lo que sí consideré de suma importancia era que los jóvenes nos conocieran mejor, que supieran lo que estábamos viviendo. Nos veían cada semana, pero no sabían mucho de nuestra familia. Entraban personas nuevas y la mayoría no conocían a Ericka. En un congreso de jóvenes decidimos hacer una cuarta grabación y el equipo de producción sugirió que fuera en vivo, aprovechando la presencia de cerca de dos mil quinientos jóvenes.

Cuando le dieron vuelta a la cinta para grabar la segunda parte, tenía que hablar un poco para darles tiempo a los técnicos de hacer sus movimientos, y ahí, en ese intermedio, les hablé de mis hijas. Las vestí como muñecas y las presenté: «Ustedes nos ven cada sábado y hay dos personitas que son las heroínas de nuestro ministerio. Dos niñas que prestan a sus papás los sábados y que son las que en verdad sufren las penalidades del ministerio. Quiero que las conozcan porque son sus hermanitas...».

Y las mostramos orgullosísimos. Por supuesto, Rebeca tomó el micrófono y sin pena alguna saludó a los jóvenes de los que tanto había oído hablar. Después, al presentar a Ericka, se alzó un murmullo impresionante.

«Esta es Ericka. No sabemos cuánto le quede de vida; tiene una enfermedad incurable. Por ello, cada una de las canciones que aquí se están grabando son una realidad en mi vida. Gracias por sus oraciones y es a ellas a las que dedico esta cinta...». Y me arranqué a cantar una alabanza cuyo coro dice: «Nada vencerá mi fe».

Los jóvenes experimentaban tal impacto, que el lado B de ese casete se cantó con toda inspiración y admiración. Ese día vi el fruto de esa acción. Una enorme cantidad de jóvenes y señoritas se acercaron para abrazarme, para decirme lo mucho que me admiraban. Otros para pedirme perdón por lo que habían hablado de Erick o de mí, por sus críticas, y ahora, sabiendo las que pasábamos, pedían perdón. Esto me sorprendió. Nunca me imaginé que yo, tan *buena onda*, pudiera ser blanco de sus críticas. Ese día, se rompieron barreras gigantescas con muchos jóvenes, gracias a la presencia de mis niñas ahí. No sabían ellos cuánto era Ericka parte de sus vidas, ni se imaginaban lo que sucedería exactamente un año después. Para Erick fue igual de impresionante, pues él no hablaba mucho de su familia a los jóvenes. No había duda, aquello había sido de Dios.

21

EL DESENLACE

De nuevo celebramos el cumpleaños de las niñas. El énfasis fue más en Rebeca, pues ya se daba cuenta de todo. Ericka no lució muy contenta en las fotos. Iba empeorando, pero todavía soportaba.

Para el tercer cumpleaños de Ericka y el séptimo de Rebeca, solo invitamos a algunas amiguitas de la escuela de Rebeca para comer en su restaurante favorito y después a la casa. Mis sobrinos, hijos de Eddy, no podían faltar. Rebeca estaba feliz y eso era lo que yo deseaba fervientemente: crearle recuerdos felices en tiempos difíciles.

Mi chiquita no era feliz para ese entonces. Pese a su deterioro, era muy expresiva, mostraba un carácter fuerte en medio de su horrible enfermedad. Si se quedaba sola en su habitación, gritaba o lloraba hasta que alguien acudía. Se daba perfectamente cuenta de todo lo que sucedía a su alrededor y hasta de noche llamaba la atención. No lo hacía a propósito, pues la mayoría de las veces eran para suplir sus necesidades como cambiarla de posición o cambiar su pañal. Como no tomaba leche sino un sustituto afectaba a sus dientes y a veces me la encontraba con una hemorragia en su nariz. Para mí, las noches eran toda una danza.

Pronto ya no me fue posible asistir los domingos a la iglesia. No me pesaba quedarme con mis hijas, pero el hecho de estar encerrada era horrible. Esperaba a que Erick llegara para salir todos a comer. A él no le gustaba, pues representaba toda una odisea, pero yo me armaba de valor y fuerza y le pedía salir para escaparme un poco de la rutina. Ya en el restaurante, rodeados de numerosos comensales, tenía que colocarme una armadura en el corazón para no hacer caso de las miradas curiosas, escandalizadas o de compasión, que nos dirigían abierta o veladamente. En ocasiones salimos con mi hermano Eddy y toda su familia. Al ver a tantos, las miradas furtivas parecían diluirse, no así cuando íbamos solos.

«No hagas caso», le decía a Erick, quien se molestaba y buscaba el modo de acomodar a Ericka para no llamar tanto la atención. «Vamos a comer a gusto y nos vamos. A mí no me importa».

Y domingo tras domingo se repetía la misma historia.

Ericka comenzó a empeorar notablemente. Ya presentaba el mismo cuadro de máximo deterioro que presentó Paola. Me costaba trabajo darle de comer. Tomaba el contenido de tres botellas al día, pero era difícil dárselas. Parecía no apetecer nada y no la forzábamos mucho. *Bueno,* pensaba yo, *de hambre no se va a morir.* Le insistíamos, pero la cantidad de alimento descendió considerablemente. Otros días parecía recuperarse y comía perfectamente, así que no me preocupé tanto si un día no comía de costumbre. Un día, le descubrí un pie muy hinchado, luego otras cosas. La hinchazón, lejos de bajar, pareció incrementársele, por lo que la llevé a Fernando. Él la revisó meticulosamente para luego decirme:

—La hinchazón es agua. Esta niña está desnutrida...

—¿Qué? No puede ser —me sentí la peor madre del planeta—, mi hija muriéndose de hambre...

Fernando me explicó que no asimilaba lo que comía y que había que colocarle un tubo que llegara al estómago para que así se alimentara.

—Tienes que ir al hospital para que te enseñen, de no ser así, tendremos que ingresarla...

La sola idea me repugnaba. Debe haber algo más que pueda hacérsele.

—Gloria, tiene que comer sus tres comidas al día. Si no lo hace, tendré que hospitalizarla. Una cosa es el curso normal de la enfermedad y otra que la niña tenga hambre.

Salí llorando de ahí. Sola, en el automóvil, abrazando a mi chiquita, lloraba con ella. El calor y el tránsito se encargaron de hacer más pesado el momento. Al llegar a casa, les dije a todos lo que había pasado. Que no soportaba la idea de meterle un tubo en su boquita o de verla internada en un hospital. De inmediato, Guille, la preciosa señora que nos ayudaba en casa tomó a la niña y no se movió hasta que Ericka terminó su pomo de alimento. Cuando Guille se iba, me tocaba a mí y así nos la pasamos en cuidado intensivo. Por supuesto, nos tardábamos eternidades en lograrlo, pero gota a gota le prolongábamos la vida a mi niña. Al tercer día llamó Fernando para preguntar cómo iba todo y le dije, feliz, que lo estábamos logrando.

—Bueno, pero no puede comer menos, ¿eh?

—De acuerdo, Fernando.

—Vuélveme a llamar en una semana o antes si algo se ofrece...

Seguimos con la titánica tarea de alimentarla y paulatinamente vimos cómo se fue restaurando.

Ericka era una niña impresionante, luchaba por vivir. Una y otra vez se fue recuperando cuando yo pensaba que ya había llegado el fin. Se levantaba con determinación. ¡Qué niña tan admirable!

Me angustiaba la retención de líquido. Lloraba mucho, pues nunca había visto nada parecido. Todos oraron para que Dios manifestara su voluntad. Yo también deseaba su voluntad y pedía: «Sánala por completo... o haz tu voluntad». Jamás dije: «Llévatela». ¿Cómo? No podía, no me salían ni las palabras, ni la intención. Cuando lloraba pidiendo oración era porque me aterraba lo desconocido. ¿Qué le pasaba

a su pequeño cuerpo? ¿Por qué esto o aquello? Esa incertidumbre me hacía sufrir. Sabía que el fin se acercaba, que no
podía seguir viviendo en esas condiciones. Erick me pedía
orar unidos en un mismo espíritu y yo le decía que sí, *pero no
me pidas que se la lleve porque no estoy preparada para eso.*

«Gloria», me decía, «tienes que soltarla. Dejarla en las
manos del Señor».

«Erick, nuestra hija es de él, se la entregué desde que
nació. Por favor, te lo suplico, no me pidas que ore para que
se la lleve. Será a su tiempo, quizá no en el mío porque yo no
quiero que se vaya».

Los ojos me ardían de llorar. Le pedía al Señor no pasar
por otro funeral, otro entierro.

Señor, no estoy lista para perder a otra hija...

Y aquí realmente empezó mi agonía.

Observé que su estómago tenía líquido. ¿Líquido?

—Sí, lo tiene en todo su estómago.

Fernando dejó de examinarla, se quitó el estetoscopio y
me miró.

—Gloria, el hígado ya no está funcionando, llévatela a
casa, no tiene sentido hospitalizarla.

Un nudo se me hizo en la garganta. Él prosiguió:

—Lo que se hace en estos casos es internarlos para pasar-
les albúmina, recuperarles los nutrientes, pero en el caso de
Ericka no será así. ¿Para qué hacerla sufrir y solo prolongarle
su vida unos cuantos días?

Unos cuantos días, resonó en mi mente.

—No le veo objeto, Gloria... cuídenla mucho, eso es lo
único que necesita.

Recuerdo haberla arropado con cuidado.

Mi niña, mi dulce niña.

En casa, no paré de llorar. Sentía una daga clavada en el
corazón. Quería retenerle la vida que se me escapaba de las
manos. No había nada que hacer. El tiempo se detuvo para
mí, se pararon los viajes, las salidas y comenzó la espera.
¿Erick? Él oraba sin parar, cada vez más triste y sin fuerzas. ¿Qué palabras pueden describir mi sentimiento? La vida

sigue, como mi Ericka seguía luchando con valentía. ¡Qué niña tan maravillosa me diste, Señor!

Llegó el cumpleaños de mamá. Se hallaba muy desanimada, cosa rara en ella, siempre tan vital. Era la única que no dejaba de darme ánimo. En los pleitos con Erick, en mis desánimos con Ericka, en mis pequeñas tragedias con Rebeca. Era un gran apoyo en mi vida. En esta ocasión, la vi deshecha. ¿Celebrar? Para nada, y yo me sentía mal al verla así, tan de capa caída. Me di cuenta que sufría doblemente: por mí y por su nieta. Las mujeres del grupo de Biblia decidieron festejarle su cumpleaños a sabiendas que no era el momento, ni la situación. Su mirada azul y triste se fijaba en el estómago hinchado de Ericka.

«Hija, yo he oído que a los hidrópicos se les hace una punción para que salga el líquido y que eso ayuda mucho. ¿No se le podrá hacer eso?».

Se lo comenté a Fernando.

«Es cierto, pero es dolorosísimo. Además, en una semana más se le volverá a llenar de líquido el estómago. No lo recomiendo».

Se lo dije a mamá. Ella corrió a refugiarse en los brazos del Señor, a soltar toda su gran pena y descansar en él. Nada se podía hacer ya, solo esperar y orar.

¿Cómo era posible que le hubiera traído tantas cargas a mi mamá? ¿Cómo reaccionaría cuando la festejaran? El mismo día de su cumpleaños, y de casualidad, mi hermano Roberto llegó a México. A mamá se le iluminó el rostro de alegría. De pronto, en medio del desayuno organizado por las mujeres del grupo, irrumpieron diez jóvenes con trompetas, violines y guitarras cantando Las Mañanitas. Se me había ocurrido llevarle un mariachi.

—¿Pero cómo? ¿Mariachi a tu mamá? ¿No estás viendo cómo se encuentra? —me decían las mujeres con un velado escándalo.

Yo decía para mis adentros:

—Quizá no aguante una hora, pero tal vez ocho o diez canciones servirán para quitarle la tristeza.

Y así fue.

Quedó tan feliz y sorprendida que el numerito valió la pena. El resto de las mujeres aplaudían felices o cantaban. Nos gozamos. Fue un momento precioso. Ericka también estuvo presente, calladita, quieta, pero contenta.

—Erick, tenemos que ver lo de la funeraria, no quiero que nos agarren las carreras.

—Llama tú, por favor...

Así lo hice. No bien hube colgado el teléfono, cuando me solté a llorar. Mamá y Erick se me quedaron viendo.

—¿Qué sucede?

Los precios eran muy exorbitantes, cobraban una fortuna por dos carros para llevar a la gente al cementerio.

—¡A mí qué me importa cómo vaya la gente! Quiero lo más sencillo...

La voz del empleado era cortés, pero helada.

—Eso dicen todos y a la misma hora no hallan transporte. Además, lo use o no, viene en el paquete...

¡Qué frustración, qué falta de sensibilidad la de estos empleados! Me sequé las lágrimas con lo que pude y musité: «No puedo creer que esté preparando el funeral de mi hija, en lugar de prepararle su boda o su graduación».

Erick y mamá me miraron con impotencia; todos sufríamos, pero era algo que tenía que hacerse. Dios, como siempre, envió a la persona idónea, el que menos nos imaginábamos que pudiera socorrernos. El papá de Lucía había trabajado por años en esa funeraria. Al enterarse, tomó el teléfono y en cuestión de minutos no solo rebajó el precio en un ochenta por ciento, sino que me telefoneó:

—Sé que es difícil para ti hacer esto, pero vamos a ponernos de acuerdo para que cuando llegue el momento, estés tranquila. Ya todo está arreglado, llámame cuando suceda.

Reportó, además, al empleado que me había tratado tan descortésmente.

Ericka no estaba lista.

Seguía respirando, seguía comiendo y con todo su ser parecía decirnos: «Aquí sigo, ¿eh?». Cada día agradecía a Dios la oportunidad de tenerla entre mis brazos, amarla, besarla. La ocasión de tener un recuerdo más de ella en nuestros corazones. Una razón más para cuidarla y hacerla sentir bienvenida.

Fernando no dejaba de llamarme.

—¿Cómo estamos?

Había nerviosismo y sorpresa en su pregunta. Como que esperaba la noticia del fallecimiento de Ericka.

—Bien, ahí la llevamos, ¿y tú?

—¿Sigue comiendo?

—Sigue.....

—Entonces, ¿todo está bien?

—Todo bien.

—Seguimos comunicándonos.

Y colgábamos.

Así estuvimos durante tres semanas. Durante esos días de aflicción no quise hacer nada, ni hablar con nadie. Tampoco recibía invitaciones. El sábado era lo único que esperaba con anhelo para estar con los jóvenes. Me fascinaba verlos actuar, crecer no solo física, sino espiritualmente. A veces me instalaba para ver el esfuerzo que hacían por montar una obra de teatro o cantar delante de sus compañeros. Ahí realmente entendí por qué la gente decía que yo tenía ochocientos hijitos. Esto me llenaba de satisfacción, pero también pensaba con tristeza: «Nunca voy a ver su crecimiento ni a gozarme en verlas en obras de teatro, ponerse nerviosas en festivales para el día de las madres o escucharlas cantar frente a un auditorio». Esto me entristecía sobremanera y no era porque estuviera enojada con Dios. Era sencillamente una tristeza abismal, pues durante toda la vida de Ericka nunca me puse a pensar en estas cosas como lo hacía ahora.

No recuerdo haber estado tan sensible como durante esos días. Me sentía fuera de mí.

Siempre he tenido sentido del humor, he sido optimista, he mirado cada día —así siempre dice mamá— como si fuera la primavera, con todo y sus nuevos retos. Ahora no era así. Por un lado, quería gritarle al mundo: «¡Auxilio, mi hija se está muriendo! ¡Me siento mal, muy mal!». Y por otro lado sentía el desconcierto de las personas que no sabían, no se imaginaban ni entendían la desolación que me llenaba. Verdaderamente era como si me estuvieran crucificando. Saber que en cualquier momento la hija puede morir... Yo no quería que muriera. Sí, sabía que estaba enferma, pero aun así deseaba que viviera. También conocía mi realidad, no quería verla así durante veinte años, pero la inminencia de la separación ya comenzaba a dolerme.

Llorando llamaba a Vivi, mi hermana. Ya no quería hablar con mamá, pues se sentía igual o peor que yo y no quería afligirla más.

—Vivi, solo escúchame. Me siento mal, impotente, amo a mi niña y no quiero que se muera...

Y mi pobre hermana tan lejos, allá en San Diego, se sentía igual de impotente.

—Si quieres que vaya, dímelo y mañana salgo para allá.

—No, no quiero que dejes a tus hijos para venir a verme. Lo único que deseo es hablar con alguien, que me escuches.

Y mi llanto fluía sin medida hasta que me desahogaba. Me sentía un poco mejor —quizá mi hermana no—, pero retomaba fuerzas para enfrentar ese nuevo día que se presentaba con la amenaza de ser «el día». Para ese entonces, ya Eddy vivía en Puerto Rico con su familia. En México solo estábamos mi mamá y yo.

Durante meses planeamos el Congreso de Jóvenes. Grabamos el tema musical en un estudio para venderlo así como camisetas y trípticos. El lema estaba sacado de Jeremías 2.2: «Me he acordado de ti, de la fidelidad de tu juventud».

Los líderes de jóvenes trabajaron arduamente para que este congreso fuera un éxito. Se contrataron hasta fuegos pirotécnicos, algo nunca visto en la iglesia. Estábamos emocionados. Como conferenciante invitado estaba Mike Masa, maestro nuestro cuando estuvimos en *Cristo para las Naciones*. Durante esa semana convivimos con él y con su esposa, pues estuvieron hablando en el instituto bíblico de la iglesia, en grupos en casa, en casa de mamá y, por supuesto, en la iglesia.

Supieron de Ericka.

«No sabemos qué va a pasar, pero tenemos mucho interés en que este congreso sea un éxito. Esperamos a tres mil jóvenes y sabemos que ustedes están aquí por un gran propósito», les dijimos.

Una semana antes del congreso, los muchachos estuvieron trabajando en una gran escenografía que estaría en el auditorio. Todo estaba decorado como un desierto y habíamos acordado vestirnos como judíos de hace dos mil años. Se mandó a hacer un arca del pacto y Erick inauguraría el congreso vestido como un sacerdote, entrando en medio de cantos y bailes israelitas. Yo también mandé a hacerme el disfraz. Nos esmeramos en hacer inolvidable este programa. Todo estaba hecho con excelencia: conciertos, talleres, conferencias, vídeo en dos pantallas gigantes y juegos de luces para llamar la atención de los jóvenes, pero todo con respeto al Señor. Sentíamos que sería inolvidable... Y así fue.

Fernando me pidió ver a Ericka el miércoles. Seguía estable, pero había detalles nuevos que yo no había visto. La examinó y me miró largamente para decirme:

—Gloria, no sé qué decirte. La chiquita ha aguantado demasiado. Yo le daba muy poco tiempo, creo que hay que hospitalizarla.

—¿Hospitalizarla? ¿Ya para qué? Además, no voy a permitir que mi hija sufra.

—Gloria, ya falta muy poco... —y añadió muy convencido—. Cuídala y no dejes por ningún motivo de llamarme. El viernes salgo a un curso, pero otro médico los puede atender en caso de cualquier emergencia...

Nuevamente sus palabras me golpearon, paralizándome: «Falta muy poco». Ante esa sentencia, desaparecieron la poca fuerza y el gozo. Mientras mi hija viviera, saldríamos adelante con ella. Sí, lo intentaríamos.

El jueves, un día antes del congreso, tuvimos una junta con todos los jefes de tribus para ultimar detalles. Supervisamos los ensayos de alabanza, la colocación de la escenografía. En el auditorio flotaba un ambiente emotivo, amoroso.

Todos colaboraron, esa noche llovió en exceso y el auditorio se inundó. Todos, incluyendo a Erick, se dedicaron a sacar agua y a secar la empapada alfombra. Mientras tanto, yo pasé a buscar a Mike, nuestro conferenciante, y a su esposa Nancy, pues les tocaba estar en casa de mamá. Para variar, llegamos tarde, cuando ya Salvador dirigía la alabanza. Ni me fijé quién estaba y quién no. De repente distinguí a alguien cantando. Era ella. Mi hermana.

—¡Vivi! ¡No lo puedo creer! ¿Qué haces aquí?

Nos abrazamos mientras la gente seguía alabando al Señor y sonriendo de ver nuestras reacciones. Vivi había venido únicamente a visitarme. Quería estar conmigo y sentía que el Señor la había enviado.

—No sé qué hago aquí, ni cómo me atreví a dejar a mis hijos y a mi esposo, pero quiero estar aquí contigo.

¡Qué maravilloso es sentirse amada! Mi hermana había tomado el primer avión disponible para estar a mi lado. Yo me sentía feliz. Una vez terminada la predicación de Mike, la invité a venir al congreso.

—Mike es nuestro conferenciante. Ojalá pudieras acompañarnos...

Ella aceptó. Esa noche cenamos muy contentos en casa de mamá y nos quedamos hasta muy tarde. Pasamos a dejar a Mike y a Nancy, porque muy temprano al día siguiente tenían que ministrar en el instituto bíblico. Esa noche sería la gran inauguración del Congreso de Jóvenes.

Llegamos a eso de las once de la noche. Guille cuidaba de mis niñas. En silencio entré a ver a Ericka y lo que vi me heló la sangre.

—Guille, ¿desde qué hora está la niña respirando así?

Guille me miró con sorpresa y temor. Intuyó que algo andaba mal.

—Pues ya hace rato, señora, por eso no se ha dormido...

—Está bien, Guille. Erick te está esperando abajo para llevarte a la casa...

—Señora, si necesita algo, dígamelo, sea la hora que sea.

—Sí, Guille, no te preocupes.

Se fue muy inquieta sabiendo que algo andaba mal.

Quería quedarse, pero al verme tranquila, se marchó con reticencia.

Tomé a Ericka entre mis brazos y la acaricié con desesperación. Respiraba con dificultad. Ya le habíamos puesto los humidificadores y sabía yo que por ahí no era el asunto. Cuando se durmió, la acosté con cuidado y fui a donde Erick, quien grababa la entrada del congreso.

—Erick —le dije—, ¿qué vamos a hacer si algo le sucede a Ericka?

Sin voltearme a ver repuso:

—Ericka está primero. ¿Por qué? ¿Pasa algo malo?

—La veo mal, muy mal...

Cosa rara. La niña volvió a despertarse como a los quince minutos, la cargué y sentí que mi corazón se oprimía como apretado por una mano invisible.

—Gloria, acuéstala ya, mañana nos espera un día muy pesado...

—No, Erick, no está bien...

Percibí que iba perdiendo su respiración. Comencé a desesperarme. Me acordé de Paola y antes de que perdiera el conocimiento le susurré:

—Hijita, me saludas a tu hermana...

Erick se puso a orar. Repetía el Salmo 23 en voz alta, cuando de pronto lo interrumpí:

—Ya perdió el conocimiento...

Erick le puso la mano sobre su pequeño corazón y delante de nuestros ojos Ericka dejó de respirar.

Ya tenía rato llorando, pero cuando Erick no sintió ningún latidito más, comenzó a llorar desgarradoramente. No podía controlarse y me abrazaba sin dejar de gritar:

—¿Qué hacemos, Gloria, qué hacemos?

Lo vi deshecho, traspasado de dolor.

—Nada podemos hacer, cálmate —dije, con un hilo de integridad.

Él tomó el teléfono para llamar a nuestros pastores. Nadie contestó. Eran como las dos de la mañana.

—Llama a tu mamá...

Dudé. Nada se podía hacer ya. Despertar a mi pobre madre para llenarla de tristeza no era algo que quería hacer, pero vi a Erick tan triste y tan desesperado que marqué rápidamente. Cuando contestó no pude decirle nada, solo lloré y lloré.

—Gloria, cálmate, hija, Ericka ya está con el Señor, ya está descansando, no era vida para ella. Cálmate por favor...

Después oí a Vivi.

—Gloria, lo siento muchísimo. Me siento muy mal. Vamos para allá.

Colgué.

Enseguida Erick llamó a Palemón y a Paty Camú, líderes de la iglesia que en ausencia de los doctores Pardillo, eran los encargados. Palemón y Paty pasaron por mamá y Vivi y llegaron a la casa.

Vivi se comunicó con Fernando para informarle lo sucedido. A pesar de tener que irse a un curso, no se iría sin dejarnos el acta de defunción necesaria para los trámites. Mientras tanto, recibí una llamada del papá de Lucía. En la funeraria habían dicho que no podrían ir sino hasta el día siguiente pero el papá de Lucía, junto con darme el pésame me informó que ya había arreglado el problema y que en ese momento se dirigían para allá.

—No te preocupes por nada, Gloria, todo está arreglado. Lo lamento mucho.

Tomé a Ericka entre mis manos. La cambié y le puse un hermoso vestido regalado por Eddy y Cristina en alguno de sus cumpleaños. La peiné y permanecimos a su lado hasta que llegaron los empleados de la funeraria. Traían una cajita blanca. Sin decirles nada, tomé a mi hija y la deposité en el féretro. Luego la miré largamente, sabía que Ericka ya no estaba ahí. Lo que quedaba solo era su estuche frío y deteriorado. Su espíritu ya era libre de ese cuerpo de muerte...

Minutos después llegaron los demás. Nos abrazábamos y narrábamos lo sucedido. Erick estaba abismalmente cansado. Nada había que hacer en ese momento, de modo que despedí a todos. Vivi se quedó con nosotros. Erick no tardó en dormirse, pero Vivi y yo nos quedamos platicando hasta la llegada del nuevo día. Gracias a Dios que ya habíamos tratado el asunto del lote en el cementerio donde Vivi y Jorge habían enterrado a mi papá. Ellos me ayudaron al proporcionarme un sitio en donde sepultar a mi hija. De no estar Vivi en el momento para los trámites, no sé qué hubiéramos hecho.

El amanecer llenó de rojos las ventanas de mi departamento. Rebeca apareció como siempre con su uniforme y le di de desayunar.

—Mamá, ¿Vivi durmió aquí?

—Sí, hijita.

—¿Ella me va a llevar a la escuela?

Vivi le dijo con amor:

—¿Quieres que te lleve, Rebeca?

—Sí, tía, llévame. ¿Me puede llevar ella, mamá?

Ya para salir todos, Rebeca se detuvo...

—¿Y Ericka? ¿Van a dejar sola a Ericka?

—No hijita, Guille está con ella...

Habíamos decidido no decirle nada hasta pasado el funeral. ¿Para qué hacerla pasar por algo tan dramático como es un velorio? Lo mejor sería decírselo en otro ambiente.

Llegamos a casa de mamá. Ahí estaba Guille con su rostro entristecido.

—Mamá, aquí está Guille. ¿Con quién se quedó Ericka?

Rebeca comenzó a preocuparse y a angustiarse. Estuve a punto de decirle la verdad, cuando Vivi me interrumpió:

—No, Gloria, después —y se dirigió a Rebeca—: Tu hermanita se quedó con Angélica. Te acuerdas de ella, ¿verdad?

Y Rebeca se tranquilizó para irse muy contenta a la escuela. Vivi en tanto se fue a arreglar papeles y a recoger con Fernando el acta de defunción. Esto último fue un problema, pues no la querían extender sin hacerle antes la autopsia a la niña. Argumentaban: «Si estaba tan enferma ¿por qué nunca la hospitalizaron?». Y Fernando explicaba todo lo relacionado con la enfermedad. Ellos denegaban e insistían en por qué no estuvo en un hospital. Gracias a Dios, después de un estira y encoge, otorgaron el acta, en la que puede leerse que Ericka falleció de cirrosis hepática.

Erick y yo llegamos a la funeraria, ya estaba todo arreglado. Al entrar a la capilla descubrimos la cajita blanca. Era igual a la de Paola, la abrimos y el cuerpo de mi niña, frío y tieso, lucía muy amarillo. La volvimos a cerrar y no la abrimos más durante el tiempo que duró el velorio. La gente comenzó a llegar. Desde temprano los jóvenes estuvieron allí. Todos bellos, trajeados, pero con cara de desconcierto, de no saber qué decir. Solo se limitaban a abrazarnos con fuerza. Yo estaba inconsolable, deshecha. Llegaba todo tipo de personas a darnos palabras de aliento y a abrazarnos. Yo todo esto lo veía lejana. Estaba volviendo a vivir la experiencia de mi primera hija... Dios mío, qué dolor tan fuerte, tan prolongado.

Mamá y Vivi llegaron después de terminar todos los trámites. El propósito de Dios al haber enviado a mi hermana era evidente. Sin ella, no habríamos sabido qué hacer. El papá de Lucía fue otro ángel enviado por el Señor, pues disipó todas las trabas que ponía la funeraria. Vivi era increíble; iba, lloraba junto conmigo, enjugaba sus lágrimas y corría a firmar papel tras papel. No tardaron en llegar los de la alabanza. Marco Barrientos hizo su aparición, junto con los demás líderes de la iglesia. Ninguno faltó. Se me ocurrió llamar a Mike y a su esposa. Los pobres no sabían qué decir, pero tuvieron la disposición de asistir y fue algo hermoso. Se sentaron junto a nosotros sin decir nada. Solo oraban y después, con mucho respeto, nos preguntaron si considerábamos bien que Mike dirigiera unas palabras.

—Será un honor para nosotros.

Vivi y Jorge habían decidido pagar todos los gastos del funeral. Sin embargo, Palemón y Marco habían sido enviados para hacerse cargo de eso. Discutieron un rato y, por decirlo así, ganó Palemón.

Dios estaba en control de todo.

La música comenzó. Las alabanzas llenaron toda la funeraria. Yo no cantaba. Mi mente estaba recordando los últimos momentos de mi hija en este mundo. No era masoquismo, sencillamente no podía pensar en otra cosa. Me veía cargándola el día en que nació. El día en que supimos de su enfermedad y en el momento en que partió con el Señor. Me era imposible creer lo que me dolía esta separación. Erick se sostuvo mejor y cantaba con la seguridad y firmeza de que su hija ya estaba descansando.

Marco nos dirigió unas palabras preciosas. No bien había comenzado cuando de repente su voz se quebró y las lágrimas llenaron sus ojos. Con esfuerzo nos dijo:

—Hoy Ericka dio sus primeros pasitos...

El resto de su conmovedor mensaje hizo llorar a todos. Vivi no paró de llorar; es una mujer muy sensible al Espíritu Santo y le fascinan la Palabra de Dios y las alabanzas. Su esposo no es tan entregado como ella, por lo que no tiene muchas oportunidades de congregarse. Por eso, cada vez que escucha una predicación, es como si recibiera un vaso de agua fría en medio del desierto. Admiro su entrega y dedicación al Señor.

Un detalle que no podré olvidar fue ver cómo los jóvenes se colocaban moños rosa en su ropa. Era en recuerdo de Ericka y los repartían durante el congreso. ¡Qué bonito detalle!

La capilla no tardó en estar abarrotada. Pero siguieron llegando más y más personas. Había algunas especiales para nosotras y no podían faltar. Le hablé a la doctora Carmen, dejándole el siguiente recado: «Estaremos en la funeraria hasta las dos y media». Y allí estuvo, sin falta. Sus primeras palabras al llegar fueron:

—Aquí estoy junto a ti...

No supe cuándo se marchó, pero estoy segura que para ella este fue un funeral muy especial, muy diferente. Cuando vi entrar a la hermana Myers, mi corazón brincó de gozo. Hacía mucho tiempo que no la veía y su abrazo y sus condolencias fueron muy significativas para mí. No podría enumerar a tantas personas preciosas que estuvieron con nosotros en aquel día tan especial. Sería injusto omitir a alguno, pues cada persona que pisó la capilla ese día tiene un lugar especial en nuestro corazón. ¡Cuánto amor! ¡Qué privilegio fue sentir tanto apoyo con tal afluencia de amigos!

Mike se levantó y entre otras cosas, nos dijo:

—Gloria, Erick, sepan que Dios deseaba tener a Ericka con él. La necesita a su lado. ¿Están dispuestos a dejársela al Señor?

Eran palabras clave. Dejársela al Señor significaba no retenerla más, no aferrarnos a ella. Le pertenecía a él. Así fue desde el principio.

«Señor, si la necesitas contigo, es tuya. No la retengo más...».

Todos preguntaban por Rebeca. Había planeado que Guille pasara por ella a la escuela y se la llevara a casa de mi mamá, pero Guille insistió en acudir al entierro. Entonces, le tomé la palabra a Miguel Ortega, encargado de los «boy scouts» para que él se hiciera cargo de mi hija. Le mandé entonces una notita a la directora de la escuela explicándole que Miguel pasaría por ella. Le rogaba, además, que no le comentara nada, pues desconocía todo. Miguel y su esposa se llevaron a Rebeca a pasar todo el día en su casa. Sus hijos jugaron con ella y estuvo muy contenta. Quedamos en vernos a cierta hora en la iglesia y así pudimos asistir tranquilos al entierro.

Eddy nos habló varias veces desde Puerto Rico. Me sentía tan bien con toda mi familia pendiente de nosotros. Cristina, mi cuñada, lloró tanto por teléfono y yo con ella. Después me comentó lo mal que se había sentido por haber llorado en vez de consolarme. Tienen dos hijos y eso era suficiente para identificarse con el dolor de perder a un hijo. No sabían qué hacer, pero llamarnos en medio de una convención fue lo más increíble que pudieron hacer por nosotros.

El desfile de personas continuaba. Estudiantes del instituto bíblico, las secretarias de la iglesia, personas que nunca me imaginé ver ahí...

Partimos al entierro a la hora establecida. Muchas personas siguieron llegando después de nuestra retirada. Todo había sido tan rápido y la noticia se seguía esparciendo. Erick y yo nos hallábamos exhaustos. Yo no había dormido y mi estado de ánimo era patético. Erick se sentía igual.

Una vez en el panteón, Vivi se adelantó junto con Erick para sacar los restos de mi papá y colocar ahí mismo los de mi hija. Esta práctica es muy común en México. Sé que en otros países no es así. Vivi contempló la macabra operación. Solo apareció un féretro podrido y unos cuantos huesos. Vivi, lejos de impresionarse, sonrió:

—Ese no es mi papá, mi papá está con el Señor.

Fue una experiencia muy importante para ella que llegó a comunicar a su esposo, quien por cierto no entendió mucho.

—No, no está ahí, está en el cielo, su espíritu es libre. ¿Para qué ir a un cementerio donde solo hay restos? Él se encuentra en otra parte.

No es falta de respeto, es sencillamente que nuestro ser querido vive más en nuestros recuerdos, en lo que sentimos por él, en los felices momentos que pasamos a su lado y así mantenemos vivo su recuerdo, no visitando un cementerio que a mí solo me trae tristeza y dolor. En verdad, visitar una tumba no es lo que me hace recordar a mis hijas, sino que las llevo en el corazón, en todo mi ser. Recuerdos que a veces me hacen llorar, pero que son de amor y de gozo.

Le dije a Erick que deseaba que todo fuera rápido. Que no se extendieran ni los cantos, ni las predicaciones. Llovía, y aunque no había muchas personas presentes, quería salir corriendo de allí. La tristeza me ahogaba. En mi mente solo retumbaban las palabras: «No puedo creer que esté enterrando a otra hija, no...».

Marco cantó dos alabanzas y Arturo Fong ministró brevemente lo que tenía en su corazón que fue hermoso como de costumbre. Él tiene una gran sensibilidad en funerales y entierros y verdaderamente supo utilizar las palabras correctas. Cuando ya se disponían a bajar la cajita, me abalancé para mirar por última vez a Ericka. Quizá en lo más profundo de mi ser deseaba comprobar que verdaderamente se había ido. Quería comprobarlo personalmente. Ver que solo quedaba su estuche y que su espíritu volaba libre delante de mi Señor. Hincada la miré, estaba más amarilla, más fría, más tiesa, sin vida. Guille se abalanzó también y Vivi la imitó. De pronto musité con desesperación:

—¡Ciérrenla por favor! ¡No quiero que la vea todo el mundo! La única que se acercó por último fue la mamá de Erick.

Traía conmigo todas las tarjetas con frases amorosas y festivas que recibimos de los jóvenes cuando Ericka había nacido. Las había guardado para mostrárselas a Ericka cuando fuera grande, pero ese día nunca llegó. Las deposité junto a su cuerpo, porque eran parte de ella... Los enterradores comenzaron su labor. Con rapidez colocaron las lozas de concreto, el cemento, mientras el ámbito se llenó con el canto de los asistentes y el murmullo de la lluvia. Yo no podía cantar. No era que no pudiera glorificar a Dios; sencillamente me lo impedía un doloroso nudo en la garganta. Me apoyé en el brazo de Erick, mientras veía cómo caían paletadas de tierra sobre la cajita blanca hasta que desapareció por completo. Mi chiquita se había ido. ¿Ahora qué?

Uno a uno los asistentes se despidieron de nosotros. El hermano Myers me abrazó largamente con fuerza. Él y su esposa lo habían sentido tanto... Tanto Erick como yo teníamos el deseo de ver la inauguración del congreso, aunque fuera desde la última fila. Obviamente, no teníamos el ánimo de participar. Gracias a Dios, pudimos observar toda la inauguración y después fuimos a encontrarnos con Rebeca.

Rebeca no preguntaba nada.

Yo solo la abrazaba y ella no paraba de hablar como de costumbre. Cenamos y nos fuimos a casa de mi mamá a pasar la noche. Erick fue por ropa y otras cosas a la casa y antes de marcharse me pidió que le hablara a Rebeca. Cuando por fin me decidí a hacerlo, se hallaban presentes Vivi y mi mamá. Hice varios rodeos antes de entrar en materia:

—Hijita, ¿te acuerdas que Ericka estaba muy enfermita? Rebeca me miró con naturalidad.

—Ya se murió, ¿verdad?

Para variar, Rebeca me sorprendió de nuevo.

—Sí, ya se murió...

—¿Cómo sucedió?

Antes de contestar, recordé la muerte de Ariadna, una amiguita de Rebeca que se cayó de una azotea. Este hecho conmocionó a todos los pequeños, quienes se dedicaron a bombardear con preguntas a la maestra. Una de las que más preguntaba era Rebeca. Para calmarlas, la maestra les contó una historia que puso fin a sus inquietudes. Decidí repetirla.

—Hijita, llegaron dos ángeles hermosos y enormes y tomaron a tu hermanita para llevársela a Dios...

—Igual que a Ariadna, ¿verdad?

—Sí hija, igual que a tu amiga Ariadna...

Creo que mi historia fue tan convincente que de repente Rebeca dijo emocionada:

—¿Ericka está jugando con Ariadna?

—Sí, mi hijita.

—¿Y también con Paola?

—Seguro que sí.

—Mami, yo me quiero ir con ellas...

Vivi, mi mamá y yo intercambiamos una rápida mirada de alarma y casi al unísono soltamos un ¡NO! rotundo.

—No, hijita. ¿Y con quién me quedaría yo entonces?

Rebeca sonrió.

—Está bien mami, yo me quedo contigo...

Aparentemente lo había asimilado bien, pero estaríamos alerta y pendientes de sus reacciones futuras, pues ignorábamos cómo le habría de afectar todo esto. De una cosa sí estaba segura: la vida nos había cambiado a todos.

Para sorpresa mía, al día siguiente Erick se levantó y me dijo:

—Tengo que ir a predicar al Congreso de Jóvenes. No sé si te quieras quedar con tu mamá...

No supe qué decir. Estaba cansada y confusa. Por un lado deseaba asistir al congreso. Por otro, ignoraba cómo reaccionaría ante los jóvenes. Vivi y mamá, al ver mi titubeo, decidieron por mí:

—Vamos todos al congreso.

—Pero es de jóvenes ¿les interesa ir?

—Por acompañarte, sí.

Erick se adelantó y entre tanto que nos arreglamos y llegamos, Erick ya había empezado a ministrar. Los jóvenes se sorprendieron al verme entrar al auditorio. Los impactó vernos ahí. La noche anterior se les había dado la noticia y ahora nos miraban en respetuoso silencio. Erick sacó el mensaje de lo más profundo de su corazón. Fue increíble. El congreso tomó un giro inesperado. Ericka había marcado la pauta. Ella vino primero y ella dejó el ejemplo. Erick comunicó lo que en mucho tiempo no le había escuchado: nuestra frustración como padres al ver morir a nuestra bebita. La impotencia de no verla realizar nada de lo que ellos podían hacer y los retó, una y otra vez, a hacer las cosas que Dios quería que ellos hicieran, a ser obedientes y a dejarse de juegos. A pensar que ellos tenían toda una vida por delante. ¿La van a desperdiciar, o no? Ericka no fue leña para el infierno. Ya está con su Señor. ¿Y tú? ¿Te vas a ir también con él?

Erick remató con estas palabras. Fue algo increíble. Vivi no dejó de llorar y yo con ella. A continuación, Erick me llamó para que cantara y lo hice con una alabanza idónea para el momento:

Espíritu Consolador,
con tu fuego abrasador
y tu infinito amor,
abrázame, consuélame, ámame.

Canté con dificultad. La voz se me quebraba lo mismo que el corazón, tan solo de pensar en pararme a cantar después de lo pasado. Erick sabía que ese era un sacrificio de alabanza. Terminé como pude y miré al auditorio. Los jóvenes lloraban al ser ministrados por un mensaje real, arrancado del corazón de su líder, quien les demostraba lo importante que ellos eran para nosotros por estar ahí y por haberles dado aquel mensaje tan hermoso. Algunos se acercaron a darnos una flor, un dulce, un chocolate o un abrazo. Otros no sabían qué hacer. Unos más huyeron para no encontrarse con nosotros. Los entiendo. ¿Qué decir en situaciones así?

Por lo general, doy los agradecimientos el último día del congreso y en esta ocasión, le pedí a Erick que me dejara darlos también. Después de los reconocimientos rigurosos, dije a los jóvenes que no tuvieran miedo de acercarse a nosotros. Que entendíamos perfectamente lo impotente que se siente uno frente a la muerte y que no se sintieran mal si no sabían qué decirnos, pero que no huyeran de nosotros, que necesitábamos hablar de nuestra hija. Que no nos sentiríamos mal si nos preguntaban por ella, que la indiferencia era peor. Les di libertad de acercarse y fue de gran bendición. Las barreras se rompieron y uno a uno llegaron para abrazarnos, para platicar o para llorar con nosotros, incluyendo a dos jovencitas que meses atrás habían perdido a sus mamás. Yo las abracé y les pregunté si me permitían ser su madre adoptiva; ellas, con los ojos brillantes, dijeron que sí. Otra me mostró en esos momentos su amor incondicional, puro, hermoso. Se llama Ericka. Me impactó sobremanera el amor que me empezó a dispensar y me acordé entonces de un cuadro hecho con plastilina con el nombre de mi hija Ericka y pensaba cuando lo veía: *«¿A quién daré este cuadro?»*. No lo dudé dos veces y se lo entregué. Creo que la hice feliz. Los jóvenes me comentaron que después de haberles dicho mi mensaje, ahora se sentían con confianza para acercarse. Que no se atrevían a sonreír ni a echar chacota pues pensaban que con eso nos herían. Pero al vernos tan enteros, comenzaron a relajarse y a ser como ellos realmente son. Para muchos, fuimos un gran testimonio, les costaba trabajo creer que estuviéramos ahí junto a ellos, que lo predicado de palabra lo hacíamos también de hechos. Yo les decía que prefería llorar ahí con ellos, que hacerlo a solas en mi casa. No puedo describir la bendición que fuimos sin pensarlo. Dios fue glorificado, nuestro Señor nos dio la fuerza para estar presentes y sentirnos felices entre los jóvenes y con mi familia.

¡Qué linda mi mamá, con lo mucho que le costaba asistir a todo un congreso! Por amor a nosotros lo hizo y le estoy profundamente agradecida. Ella también estaba triste. Al igual que yo, comenzó su luto. Ella también extrañaría a la niña con quien se comunicaba de manera tan especial, a quien le cantaba. También echaría de menos su presencia en la casa y también necesitaba consuelo y apoyo. Ahí lo dio todo; me brindó lo que tenía para que me sintiera bien, y lo mismo hizo Vivi. Dios tocó su vida y a partir de ese momento no volvió a ser la misma. Su modo de ver la vida cambió y llegó a su hogar, pletórica, lista para repartir bendiciones. No me cabía duda de que el Señor había planeado todo esto. Su llegada no había sido casualidad. Había sido obediente al Espíritu y ahora se marchaba llena de él.

Todo terminó. Acabamos agotados, pero satisfechos.

Durante el congreso, Vicky y Manuel nos habían estado llamando. Son unos amigos muy buenos que al enterarse de lo sucedido, deseaban bendecirnos acompañándonos a un viaje, una vez que hubiera terminado el congreso. Erick se mostró de acuerdo.

—Vámonos a la playa. Necesitamos un descanso...

Yo me resistí, sentía que de alguna manera traicionaba a Ericka. Aún trastornada, seguía sin tomar decisiones de ninguna clase. Solo deseaba ser arrastrada por la corriente sin tener la responsabilidad de decidir nada.

—¿Acaso no quieres ir?

—¿La verdad? No, Erick, no quiero ir.

—A Rebeca le va a servir.

—Sí, pero no sé qué me pasa...

¿Cómo explicarle lo que sentía? Deseaba tanto que me abrazara, que me dijera que todo iba a estar bien y con caricias convencerme de partir. Para variar, quería más de él. Quizá me desesperaba su paz. Era como lo que narra la Escritura acerca de David cuando perdió a su hijo. Sus siervos no se atrevían a darle la mala noticia pues lo habían visto sumamente angustiado y ayunando por ese hijo moribundo y, ¿cómo decirle ahora que ya había muerto? David al enterarse, se levantó, comió y abandonó su aflicción.

«¿Qué forma de actuar es esta?», le preguntaron sus oficiales. «Cuando el niño estaba vivo, usted ayunaba y lloraba; pero ahora que se ha muerto, ¿se levanta y se pone a comer?».

David respondió:

«Es verdad que cuando el niño estaba vivo yo ayunaba y lloraba, pues pensaba: "¿Quién sabe? Tal vez el Señor tenga compasión de mí y permita que el niño viva." Pero ahora que ha muerto, ¿qué razón tengo para ayunar? ¿Acaso puedo devolverle la vida? Yo iré a donde él está, aunque él ya no volverá a mí» (2 Samuel 12.21–23 nvi).

Así comencé a ver a Erick; no entendía por qué exactamente el lunes después del congreso, se había ido a trabajar temprano. Una cosa era haber asistido al congreso y otra era marcharse a arreglar asuntos de trabajo. No podía comprender cómo quería irse de viaje a la playa, así como si nada. En nuestra cita con Carmen, me solté llorando como loca. Describí la tristeza que sentía y mi hipersensibilidad a todo, aun más que con Paola. Abrí mi corazón repleto de un dolor no experimentado antes y terminé por decirle que no me sentía yo. No me hallaba en mis cinco sentidos y lo peor era que Erick no me comprendía.

«Exactamente es eso», le dijo ella. «Gloria no se encuentra en sus cinco sentidos y usted tiene que ayudarla. Creo que es sano que se vayan a la playa y disfruten allá lo que puedan. Erick, entienda que Gloria está pasando por un tiempo de luto».

Se me abrieron los ojos. El tiempo de luto de Erick había comenzado cuando supo de la enfermedad de Ericka y terminó con su muerte. El mío apenas comenzaba. No experimentábamos las mismas emociones ni sentimientos. Éramos dos personas no pasando por lo mismo. Me costaba digerir que Erick fuera tan insensible. Que pudiera continuar su vida tan normalmente, siendo la realidad que él ya había sufrido durante la corta vida de Ericka y ahora yo sufría con su muerte. Fue difícil, pero él entendió que no era nada personal en su contra.

Salí del consultorio convencida de que lo mejor era irnos a ese viaje que tanto me resistía a hacer y desprenderme del sentimiento de «dejar atrás a Ericka». Lo vi como un engaño, no estaba dejando atrás a mi hija. El diablo quería crear en mi mente una imagen que no era, una sensación de abandono que tampoco era; tuve que discernir lo que Satanás quería hacernos. El diablo no conoce misericordia ni tregua. En el momento en que uno piensa que no le atacará por lo sensible o vulnerable que se encuentra, es cuando más se ensaña con uno, pues en esos momentos de debilidad física, mental y espiritual, uno baja la guardia. Recordemos lo que la Palabra de Dios dice al respecto: «Anda como león rugiente, buscando a quien devorar». Con estires y aflojes partimos. Rebeca iba más que fascinada; arreglamos todo en la escuela y le pedí a Guille que no se parara en mi casa durante el tiempo que permaneciéramos fuera. No deseaba que se deprimiera, ella también necesitaba descansar tanto física como emocionalmente.

Nos encontramos en el hotel con Vicky, Manuel y su hijita Paulina. Pasamos días tranquilos y en paz. Ellos se marcharon a los dos días de estar ahí y nosotros permanecimos dos días más. Empezaron a suceder cosas. Rebeca comenzó a llorar sin parar. En medio de una cena y sin aviso nos sorprendió preguntando: ¿Por qué Dios se la había llevado, por qué si ella la amaba tanto y la extrañaba? ¿Por qué no pudo ver cuando Dios había enviado a sus ángeles por ella? Me abrazaba desesperada pidiendo a gritos saber, sentir alivio y queriéndose ir con ella.

—¡Yo quiero estar con ella, mamá! ¡Verla!

Yo oraba angustiada: «Señor, dame sabiduría. ¿Qué le digo? Ayúdame». Sin dejar de besarla, le decía que yo también la extrañaba y que sabía cómo ella se sentía. En un momento en que pareció calmarse, la miré fijamente.

—Hijita, Ericka ya no podía vivir más así como estaba. Su cuerpo ya no aguantó. Pero, ¿sabes una cosa? Ella ya está sana. En este momento camina, juega y hace cosas que aquí no pudo hacer.

Su rostro se iluminó.

—¿Ya puede hablar y caminar?

—Sí, hijita, ella está muy feliz allá y nosotros debemos estarlo aquí.

—¿Y por qué no me puedo ir con ella a jugar?

—Porque tú todavía tienes que vivir aquí. Dios tiene un plan para tu vida y yo te necesito. Te amo y no me quiero quedar sin ti...

Acabó por tranquilizarse. La envolví en mis brazos. Erick nos miraba en silencio. ¿Qué le hubiera contestado él? Rebeca siempre lo desequilibraba con sus preguntas y aunque él se esmeraba en contestarlas, lo hacía a un nivel adulto.

Esa noche todos descansamos. Me sentí aliviada de que Rebeca se desahogara aquí con nosotros y no en la escuela o en otro lugar. Dios comenzó a restaurarnos. No podía fabricar algo que no sentía, pero sabía que pronto me sentiría mejor, que el tiempo sanaría todo y que no había nada absolutamente imposible para Dios. Llegaría el día en que me sentiría entera, sana y con esperanza.

La escena con Rebeca se repitió al día siguiente, pero con menos intensidad. Nuevamente la consolé. Nunca pensé que exageraba, por el contrario, era su manera de sacar todo lo que la agobiaba. El viaje le sentó de maravilla, aunque Erick y yo no lo disfrutamos como ella.

Regresamos a México. Para mí todo era gris. Muchas veces subí corriendo las escaleras de mi departamento porque creía escuchar el llanto de un bebé y me detenía, recordando que no era posible. O dejaba de hacer algo porque sentía que era la hora de darle de comer a Ericka... para casi inmediatamente darme cuenta que la preocupación era un hábito. Pasaba una y otra vez por la recámara donde dormía Ericka y de manera automática la buscaba para solo encontrarme su cunita vacía. Son reacciones normales. Toma tiempo acostumbrarse y no es fácil, porque todo hacía que recordara a mi niña. Decidí deshacerme de su ropita y de sus juguetes. ¡Qué bueno que le fueran útiles a otro bebé!

No había transcurrido ni siquiera un mes cuando algunos comenzaron a bombardearme con preguntas sobre mi estado de ánimo. Les sorprendía no verme repuesta, normal; no soportaba oír: «Pero ya lo esperábamos». No sé, tal vez deseaban verme salir rápido de la aflicción por el solo hecho de saber que Ericka iba a morir. Lo que muchos no entendieron es que yo así había conocido a mis hijas. Tuve el privilegio de tenerlas a pesar de su enfermedad, de todo lo que pasaron y de saber que tendrían un desenlace fatal. Así las recordaba

y no me molestaba eso. Así las quería tener conmigo porque
así las extrañaba. Su presencia, sus miradas, su tan especial
manera de comunicarse conmigo.

Sentía lo mismo que cualquier otra madre siente al perder un hijo, sea sano o no. ¿Qué es peor o qué es mejor? No
lo sé. El dolor de perder a un hijo es sencillamente terrible y
el enterrar a dos es peor. No me comparo con nadie; seguramente existen personas que han sufrido más que yo, pero no
puedo evitar el preguntarme por qué mi reacción les extrañaba a tantas personas. ¿Cuál debía ser mi respuesta? La
única que se me ocurría era: «Perdí a mi niña». ¿Acaso era
tan difícil entender esto? ¿Que por qué no había asistido a
tal compromiso? ¿Que por qué no me veían dirigir la alabanza en los grupos como antes? ¿Que por qué no podía cantar
delante de la congregación sin que un llanto incontenible me
embargara? ¿Que por qué veían a un Erick tan sereno, tan
fuerte, y a mí no? ¡Porque perdí a mi hija!

Perdí la ilusión de lo planeado en alguna ocasión. De
repente me cayó el peso de la angustia vivida durante aquellos
diez años. Me di cuenta de que durante la penosa enfermedad
de Ericka no hice otra cosa más que dedicarme a sacarla adelante, a hacerle la vida más pasadera sin cuestionarme jamás
nada. Ahora mis brazos estaban vacíos, mi mente ya no se
ocupaba de ver cómo se hallaba mi hija. Ahora podía dormir
toda la noche sin sobresaltos. Todos mis planes, mis sueños
para mis hijas se desvanecían. La desesperanza me abrazó.

El sentimiento de la pérdida, de la lejanía y de la separación fue en extremo doloroso. Con la muerte de Paola, tuve
la esperanza de tener más hijos, propios o adoptados. Ahora
esa esperanza se esfumaba. Había que rehacer nuestra vida
con lo que teníamos. Ya no podíamos tener bebés biológicos y adoptar otro era inconcebible. No deseaba otro bebé.
Al no ver un futuro por delante, una tristeza abismal me
llenó. El fruto de mi vientre estaba muerto, mi tarea pro-
ductiva, frustrada, y como madre me sentía un rotundo fra-
caso. Estos sentimientos eran algo fuera de mi control y no
hallaba cómo expresarlos. A veces era con una furia ante

la insensibilidad de los que no me preguntaban nada o me decían sus conclusiones.

Como, por ejemplo, una hermanita me dijo:

—¿Sería la voluntad de Dios que tú y Erick se casaran?

Mi primer impulso fue contestarle con alguna agudeza, pero decidí no ofenderla. ¿Para qué? La pregunta la había formulado sin una convicción sincera.

—Bueno, pues si no lo era, ya lo es —dije lo más cortésmente posible y me retiré.

Otros me decían:

—Gloria, hay otras cosas en la vida. Dios no ha terminado contigo, tiene muchas cosas para ti.

Hasta aquí todo iba bien, pero por alguna razón la conversación cambió a:

—¿Ya te hablé de mi hijo? ¡Qué bárbaro, es una maravilla, estoy orgullosísimo de él y si vieras qué bien canta. En los deportes no se diga, es una estrella...

Y yo apretaba las mandíbulas: «Hay otras cosas en la vida». Sin duda las habría para mí, pero de momento no las veía. No me cerraba a lo que el Espíritu quisiera hacer conmigo, pero necesitaba primero ser sanada, restaurada y eso no sería en mi tiempo. Lo único que pedía era una señal.

Ocurrió también que cuando trataba de explicar mis sentimientos más profundos a personas sinceramente interesadas y preocupadas por mi reticencia a aceptar tal o cual invitación, ellas invariablemente soltaban un:

—Voy a orar para que el Señor te quite esa amargura de tu corazón...

¡Pum! Gancho al hígado, *knock out* y al suelo. Imposible evitar que esos comentarios me afectaran seriamente. Me topé con una falta total de entendimiento hacia lo que es el luto. Apenas había transcurrido un mes. No alargaba mi dolor; era normal lo que me pasaba. Sufrimos un desconocimiento alarmante a ser sensibles cuando alguien pierde a un ser querido. No sabemos qué decir, cómo comportarnos y nos dejamos llevar por una pseudo espiritualidad que, más que consolar, ofende.

Erick no caminaba conmigo. Con rapidez se incorporó a su vida normal. Acudí a la doctora Carmen para indagar si me hallaba mal, fuera de situación, de contexto o de qué.

—Gloria, esto es perfectamente normal y vas a seguir sintiéndote así hasta que de pronto te cansarás de ese dolor y quieras volverlo productivo, ayudando a otras personas que pasan por lo mismo. No te apresures, el tiempo lo sana todo.

—Es que Erick no me entiende —replicaba—. Me siento tan sola, tan anormal...

Y ella trató de explicarle a Erick que en este momento como nunca, yo lo necesitaba más sensible. Más involucrado y más cercano porque el cuerdo era él. Necesitaba de su ayuda para convalecer y salir poco a poco del abismo donde me hallaba. También nos iluminó con respecto a Rebeca.

—Ella conoce el camino a la depresión. Si no la ayudamos ahora, no entenderá el por qué de muchas cosas y se sentirá culpable. Es decir, por mucho tiempo, la número uno en atenciones y tiempo fue Ericka. Ahora Rebeca tiene toda su atención y tiempo; ella se sentirá culpable de la muerte de su hermana por lo que está recibiendo. Le tienen que hacer sentir que ella siempre ha tenido su lugar. Decirle que su hermana sigue presente. No eviten hablar de ello y cuando lo hagan, que sea con naturalidad, para que vea que es algo normal y que ustedes sienten lo mismo que ella...

¡Cómo nos ayudó esto! Veíamos actuar a Rebeca, tal y como lo había descrito la doctora.

A veces me preguntaba:

—Mamá, ¿no extrañas a Ericka?

—Sí, mi hija, mucho, pero estoy feliz de tenerte a ti.

—¿Me amas mucho, mamá?

—Con todo mi corazón y te necesito.

Y las conversaciones sobre Ericka se hicieron cotidianas. Durante meses seguimos hablando de su hermanita. Hubo veces en que desesperada me decía:

—Mamá, ya pasó mucho tiempo. ¿Cuándo regresará Ericka?

Y una y otra vez le ministraba a su pequeño espíritu, ávido de respuestas, de aceptación y de amor. Le decía que no volvería, pero que no se angustiara porque su hermanita era feliz donde se hallaba. Hubo ocasiones en que me faltó la paciencia porque la que necesitaba ser sostenida, amada y aceptada era yo. El Señor no tardó en darnos su respuesta cuando más la necesitábamos y lo hizo a través de la persona que menos me imaginé podría expresármela. En el grupo de mujeres de su casa, mi mamá habló sobre cómo afectaba el luto y me puso de ejemplo.

—A veces la verán muy seria, en otras ocasiones riéndose y hasta enojada. Esa es una reacción del luto. No hagan caso ni lo hagan algo personal. Solo ámenla, ofrézcanle su apoyo a pesar de todo y verán que Dios las usará para ministrar a Gloria...

Tras sus palabras, se alzó un murmullo de preguntas.

—¿Los cristianos sienten lo mismo cuando se muere un ser querido?

—Sienten, mejor dicho, gozo, ¿o no?

Con paciencia, mamá contestó a cada una de esas preguntas. No porque fuéramos expertas en el asunto, sino porque habíamos pasado no solo por la muerte de mis dos hijitas, sino además de mi papá y de mis abuelos, entre otros miembros de la familia. Habíamos percibido también el sufrimiento de amigos ante este hecho tremendo que es la separación definitiva en este mundo. El desconocimiento era grande. No sabían cómo ministrar a los deudos. Se llenaban la boca de respuestas no solicitadas, dando el diagnóstico de por qué murió, buscando un antecedente causante de la tragedia o soltando el famoso: «Gloria a Dios que ya se encuentra con él», que en nada ayuda. Por ello, mi mamá dio atinada y sabiamente la instrucción para que se atrevieran a verme como un ser normal. Unas de inmediato así lo hicieron y fueron de gran bendición. Una comenzó a llamarme por teléfono:

«Hola, soy una de las cobardes que no te quiso dar la cara porque sufro al solo verte...».

Yo reía y le contestaba:

«Ana Rosa, eres una valiente por el solo hecho de hablar conmigo...».

Y Ana Rosa no solo siguió llamándome, sino que me enviaba platillos deliciosos, siempre acompañados de alguna pequeña nota afectuosa. De ser una «conocida» de esas que solo te dicen: «Hola» y «Adiós», se convirtió en una amiga entrañable. Le costaba trabajo llamarme, percibía su nerviosismo a través del teléfono y esto me causaba una ternura inmensa. Cada semana oíamos de ella y recibíamos delicias preparadas en su cocina, una bolsita de pan dulce o un recado amoroso. La amistad con Ana Rosa surgió así. La semilla que muere para dar fruto: Ericka lo estaba haciendo.

Otras también nos bendijeron de manera parecida. No faltó la palabra amable o los detalles que tocaran mi corazón, haciéndome ver lo mucho que me amaban. El Señor me reconfortó enviándome a sus hijas y comencé a sentirme mejor...

Mamá dijo algo muy sabio: «Gloria, ponte metas a corto y a largo plazo. Ya viene Navidad y todos tus hermanos acudirán. Será un tiempo hermoso para convivir, pero después fíjate una meta. Por ejemplo, en febrero hay un congreso de mujeres en San Diego y a la semana siguiente otro en Los Ángeles. ¿Por qué no vas a ministrar, a cantar o a traducir?».

Gustosos, mis pastores me dieron permiso. La perspectiva del viaje, aunque lejano, me emocionó.

Yo no había salido mucho desde el fallecimiento de Ericka, solo lo indispensable. No podía estar en lugares con gente, porque de repente comenzaba a llorar. Aparentemente, no había nada que me provocara ese estado de ánimo y no podía controlarlo, como tampoco podía cantar alabanzas sin que el llanto me embargara. Cuando vi a mis sobrinitos sentí una total melancolía. Los abrazaba, pero no pude evitar llorar y sentirme triste. ¿Cómo era que extrañaba a Ericka viendo a mis sobrinos si ella nunca pudo hacer nada de lo que ellos hacían? Creo, como dice mamá, que «la sangre no es agua». Al verlos jugar y correr, pensaba: «Me hubiera gustado tener unos hijos así de sanos». De alguna manera mis sobrinitos llevaban una parte de mí. Era un sentir muy especial y contribuía el hecho de que no había pasado un mes.

Erick se esmeraba en consolarme sin éxito. Me era tan difícil explicarle lo que me comía por dentro, que definitivamente me apartaba para resolver a solas el asunto con el Señor. Fueron días muy difíciles para los dos y percibía que Erick se sorprendía cada vez más de mis reacciones. Pensaba que estaba tan serena como él, pero no era así. No entendía que Ericka era una extensión de mi persona. Que había estado nueve meses dentro de mí, que la di a luz y que todos mis recuerdos estaban enraizados en ella. Esa niña, al igual que Paola, había sido una extensión de nuestro amor aquí en la tierra y las dos me habían sido arrebatadas con la conciencia de que ya no las vería más.

Ni Erick ni los demás podían entender que yo había conocido y amado así a mis nenas: enfermas. Las vi crecer y marchitarse. Me necesitaban; así las recordaba. No por ser portadoras de una enfermedad incurable era mejor que se marcharan de este mundo. Sabía que Dios nos libraba de un sufrimiento mayor al llevárselas tan prematuramente. Él sabía mis límites de sufrimiento, hasta donde podía yo soportar. Él sabe. No sé de qué las libró el Señor de haber permanecido aquí. Quizá se habrían perdido por la eternidad. O sencillamente las cortó como flores de este jardín para plantarlas en el suyo.

¿Quién conoce sus caminos o sus pensamientos? Eso lo entendía y lo asumía. No estaba enojada con Dios, pero me costaba trabajo ver la incomprensión de los que me rodeaban hacia mi dolor. Ya había pasado la crucifixión. Ahora era como estar muerta en vida. Sí, seguía adelante, tenía ilusiones, pero no más esperanza de hijos. Por ahora, no pensaba en ello sino en mis pequeñas. Era como si les hubieran cortado dos dedos de una mano. Le quedarían tres, pero le dolerían los faltantes. Estaba plenamente consciente de que tenía a mi Rebeca. Era más fácil pasar por esto con ella que sin ella, como nos sucedió con Paola que nos quedamos solos y vacíos. Ahora había una personita que nos necesitaba y esto nos mantenía a flote. Saber que por ella había que seguir adelante porque se merecía una mamá contenta, sonriente, una mamá como la que tuvieron Paola y Ericka. No obstante, el dolor era fuerte, abismal. Ahora entendía más que nunca lo que se dice en la Palabra acerca de María:

> *Simeón les dio su bendición y le dijo a María, la madre de Jesús: «Este niño está destinado a causar la caída y el levantamiento de muchos en Israel, y a crear mucha oposición, a fin de que se manifiesten las intenciones de muchos corazones. En cuanto a ti, una espada te atravesará el alma» (Lucas 2.34–35 NVI).*

Sin embargo, después de la crucifixión y la muerte, llegó la maravillosa resurrección de nuestro hermoso Señor y Salvador Jesucristo. Ahora yo esperaba mi resurrección. Lo que Dios haría en mí y a través de mí, después de esta experiencia. Muy adentro de mi corazón existía esa lucecita parpadeando y centellando, diciéndome que todo estaría muy bien. Que vendría algo grande. Que Dios todo lo usaría para su gloria y mi bienestar. Esto lo esperaba anhelante, para romper las oscuras cadenas de la desesperación y el desánimo, el dolor y la depresión. Deseaba destruir capa por capa lo que me impedía sentirme normal y bien, derrumbar lo que me quería mantener en derrota y aplastada. Erradicar toda autocompasión y baja estima. Recuperarme y llegar a esa meta de dar a otros lo que yo había recibido de Dios. De ser como esas personas enviadas por él cuando yo más lo necesité, y de poder caminar en medio del fuego como lo hicieron Sadrac, Mesac y Abed-nego.

Uno a uno fueron llegando los miembros de mi familia. Fueron días de luz, de total entendimiento y compresión para mí. Tiempos de risa y de llanto, de jugar, comer y convivir. Intercambiamos regalos y vimos con gozo las caras iluminadas de nuestros hijos al abrir sus obsequios. Fue un tiempo de oración y de recordar la llegada a esta tierra del Mesías. Sí, sí, nos acordamos de Ericka. Creo que para todos era convicción de que ella no llegaría a esta Navidad. Así que sabíamos que no sería fácil ni para Erick, ni para Rebeca, ni para mí. Sin embargo, fue como haberme puesto en «pausa» de sufrir. Se congelaron los sentimientos tan opuestos y encontrados en mi ser y me dediqué a vivir con intensidad esos días multicolores como los foquitos de un árbol navideño.

La Navidad terminó. Todos partieron y pronto nos quedamos solos con mi mamá, fatigada de tanto ajetreo y de tantas visitas. Mamá discernía con facilidad mis momentos bajos y era ella la que sabía darme fortaleza. Es una gran mujer de Dios que nos enseñó a luchar y a tener entereza en tiempos difíciles, con el Señor, a tener una entrega al máximo, siendo un gran testimonio para nuestras vidas. Hasta Erick envidiaba su entrega y manera de apoyarme siempre.

«¿Y ahora qué?», me preguntaba.

Volvimos a la rutina. A escoger vivir entre lo que Dios dice o no. Aún asistíamos a la consulta de Carmen, quizá no con la misma frecuencia de antes, pero lo que nos decía me servía mucho.

«No te presiones, todo es cuestión de tiempo», me repetía.

El tiempo transcurrió muy lento para mí. La gente se fue olvidando de nuestra pena y eso yo lo resentía mucho. Recordé que así había ocurrido con Paola, así que guardé mi corazón de sentirme mal por ello. Lo que fue de gran bendición eran las pequeñas sorpresas de Dios. Las llamadas de personas pendientes de nosotros, invitaciones a cenar con algunos líderes, recados de conocidos. En una ocasión me hallaba abismalmente triste cuando me llegó una nota de Marco Barrientos:

Erick y Gloria: Encontré estas líneas en un libro y me pareció apropiado enviárselas a ustedes. Les amamos mucho, Marco y Carla:

«Te prestaré por un corto tiempo a una hija mía», dijo él, «para que tú la ames mientras viva y la llores cuando muera. Probablemente vivirá seis o siete años, quizá veintidós o veintitrés, pero tendrás sus hermosos recuerdos que te servirán de consuelo cuando te halles de luto. No te puedo prometer que se quedará pues, como todos, a la tierra regresará, pero existen lecciones enseñadas allá abajo que deseo que esta niña aprenda. He buscado por todo el mundo a verdaderos maestros y por las sendas de la vida llenas de muchedumbre, te he seleccionado a ti. Le darás todo tu amor sin pensar que tu trabajo es en vano. ¿No me odiarás cuando venga por ella para llevármela de nuevo? Creo que los he escuchado decir: Oh, Señor sea hecha tu voluntad. Todo el gozo que viene de esta niña, traerá también el riesgo del luto. La llenaremos de ternura, la amaremos mientras podamos y por la alegría de que a través de ella hemos conocido, por siempre estaremos agradecidos. Y si los ángeles la llaman mucho antes de lo que planeamos, seremos valientes ante el dolor amargo que venga y trataremos de entender».

Me costó trabajo acabarla de leer. Las lágrimas casi borraban las palabras que describían vívidamente lo pasado con mi hija. Marco nunca se imaginó la bendición que este escrito produciría en mi ser, pues me levantó mucho pensar que Dios había enviado esto a través de alguien sensible a su Espíritu.

Poco a poco comencé a consolar a otras madres que habían perdido a sus hijitas en meses anteriores. Sin darme cuenta, estaba ayudando a otras personas que habían pasado por la pérdida de hijos, esposos y seres queridos. Uno se siente bien consolando, escuchando. Definitivamente, había quienes necesitaban de ayuda profesional, los que no deseaban salir tan fácilmente, pensando que si lo hacían traicionaban de alguna manera al fallecido. Pero ese ausente ya está feliz y lo que menos piensa, creo yo, es que sufren por él o por ella. Para nada desean regresar a este mundo lleno de sufrimientos, decadencia y aflicción. Ellos se graduaron antes que nosotros. Solo nos queda esperar a reunirnos con ellos cuando nos llegue el día.

22

Nuestra
resurrección

Se fue acercando la fecha en que partiría a los dos congresos. Era un viaje largo. Por primera vez Erick y yo estaríamos separados por dos semanas. Él no lo deseaba, pues, además de la larga ausencia, tendría que hacerse cargo total de Rebeca. Yo luchaba, pero sentía que tenía que acudir, alejarme de la rutina y tener un tiempo a solas. Dejé todo en manos de Dios. Mamá iría conmigo y llegaríamos a casa de Vivi y después a la de Roberto. De cierta forma, era un viaje familiar. Desde que Vivi se mudara a Estados Unidos, estábamos separadas, no solo geográficamente, sino de muchas otras formas. Nos hablábamos poco; sin embargo, a partir del funeral de Ericka había comenzado un hermoso acercamiento entre ambas. De una manera muy especial Dios había tocado su corazón y ahora ella contaba los días para vernos, convivir y conocernos más a fondo. Partí un día de febrero sin la total aceptación de Erick. En mi interior tenía paz y contentamiento.

¡Qué experiencia viví! Nunca me imaginé lo que enfrentaría. Vivi y su familia nos recibieron con un amor y unas ansias desbordantes que me sorprendieron. Platicamos sin parar y durante esas largas charlas, Dios nos fue uniendo a Vivi y a mí como jamás lo había experimentado. Era como platicar con la mejor de las amigas.

Llegó el primer congreso y, para mi sorpresa, la conferencista invitada no llegó. Entonces me suplicaron que yo diera la conferencia.

«Bueno, sí, pero aquí también está mi mamá. Ella también puede ministrar...».

Perfecto, en unos minutos se reorganizó todo el congreso. Comencé dirigiendo la alabanza, con el temor de que me brotara el llanto. No fue así. Me sentí libre, diferente, fluyendo con la fuerza del Señor. Entregándole todo lo que había dentro de mí.

Después, mamá ministró. Inmediatamente me tocaría dar otras dos conferencias.

Dios mío, ¿de qué les hablo? No vine preparada. ¿Qué hay en mi corazón? Y lo único que había ahí eran mis hijas.

Al llegar mi turno subí al estrado y comencé a hablarles de mis niñas. Conforme avanzaba el relato de la vida de Paola, las lágrimas de las mujeres ahí presentes no se hicieron esperar. Cuando llegué a la muerte de Ericka, hablaba con la voz quebrada y ahogada por las lágrimas. Esas mujeres fueron tocadas de manera muy especial. Rieron y lloraron conmigo, haciéndome sentir útil al Señor. Solo platicándolo me di cuenta de todo lo que él me había librado y ayudado, amado, enseñado y también de todo lo que me faltaba por hacer.

Mi última conferencia fue acerca de Rebeca. Hablé extensamente sobre ella. Parecía que me estaba hablando a mí misma, pues comencé a relatar todas las esferas que ahora ella llenaba. Hablé de sus imprudencias, de sus debilidades, de sus terapias y después llena de orgullo me dije: «Esta es mi hija. Ella me hace ser madre. Ella, con todas sus inquietudes y desbarajustes, me llena de orgullo. Es la heredera de todo lo que mis hijas biológicas no pudieron disfrutar. ¿Por qué? Porque ella se lo merece».

Fue increíble. Yo sola me ministré, aunque fueron muchas las que se me acercaron para decirme lo bendecidas que habían quedado con mi plática. ¡Gloria a Dios! Él hizo la obra, pues yo me sentía seca y vacía, sin nada que ofrecer. Sí, seguía sirviéndole, pero después de tantas aflicciones y desafíos, para nada me sentía capacitada. Gloria a él que a pesar de nosotros se glorifica, y eso es lo importante.

La semana prosiguió. De pronto, la casa de mi hermana se inundó de llamadas e invitaciones para que fuera a hablar a sus grupos o congregaciones. Los días se fueron llenando de actividades para servirle a él. Vivi era la primera promotora. En su iglesia, ya había planeado un cafecito e invitado a media humanidad. Al café llegó la mitad de las mujeres que habían asistido al primer congreso. Fue increíble. La más sorprendida era yo. En otro grupo me llamaron a ministrar para los jóvenes y la bendición fue enorme.

Una mañana escuché hablar a Vivi con una amiga que recién acababa de tener a su bebé y este tenía problemas. El pequeño se hallaba en el hospital y los padres estaban tristes y desesperados. Por señas le pedí a Vivi que me permitiera ir a orar por el bebé. A pesar de que su amiga no conocía para nada los caminos de Dios, Vivi fue lo suficientemente atrevida para decírselo. La amiga accedió extrañada. ¿Cómo era posible que una persona desconocida quisiera orar por ellos y por su bebé?

Mamá, Vivi y yo acudimos al hospital. El ambiente del nosocomio me estremeció, pues me recordó de inmediato los tristes momentos vividos con mis hijas. El papá de la criatura nos recibió entre cortés y distante, para llevarnos a donde su hijo convalecía. El bebé era precioso. Entre las tres guiamos al papá a repetir una oración de salvación por él, el bebé y por Margarita su esposa, quien se mostró reticente a recibir la luz. Sin embargo, comenzó a ser tocada por el interés y nuestra disposición de haber ido a visitarlos. Los problemas del pequeño tenían arreglo, así que me dediqué a hablar con la madre sobre la importancia de apoyar en todo a su hijo para sacarlo adelante.

Fue una hermosa experiencia. Era feliz de ver a las personas cambiadas y de sentirme útil. Quería regresar al hospital cuantas veces fuera necesario, acudir a todas las invitaciones y hablar sin cesar de las buenas nuevas de mi Señor Jesucristo. Al hacerlo, sentía que daba vida. Sí, a pesar de todo lo pasado. Por las noches y a solas en mi habitación, me quedaba las horas meditando en él, leyendo su Palabra o escribiendo extensas cartas a Erick, contándole de todo lo que me pasaba. Mi resurrección había llegado. Servir al Señor había sido el camino y no deseaba otra cosa que su fuego y el fervor por él que creía perdidos. Ver salir adelante a madres, orar por pequeños enfermos y ser capaz de hablar de mis hijas como un gran testimonio, si no de sanidad, de cambios profundos en mi actitud.

Se llegó la fecha del segundo congreso. Las tres: mamá, Vivi y yo partimos a Los Ángeles, donde acudirían cinco mil mujeres. Yo traduciría para las personas hispanohablantes. Mamá se quedó con Roberto y Tina, dado que a mi hermano recientemente lo habían operado de una hernia y mamá sintió que su lugar era estar junto a él. Vivi y yo tuvimos la oportunidad de realmente convivir. Durante tres días nos quedamos juntas en el hotel y hablamos de cosas tan hermosas como es el servicio a Dios, la bendición de poder asistir a tan importante actividad y escuchar pláticas edificantes y necesarias para ambas. Fue un tiempo maravilloso y por nada quería que se terminara. Dios nos consintió hasta en los más mínimos detalles y pudimos ver su mano en todo lo que hicimos. Nos reencontramos como hermanas y nos conocimos como amigas. Conocí a una Vivi con un denuedo y un atrevimiento increíbles por el Señor. A una mujer con una comunión envidiable con su muy amado Dios. Conocí a la madre de unos hermosos niños que crecían y que ella disfrutaba a pesar de todas las contingencias que en cualquier familia pasan. Conocí a una esposa que es realmente una ayuda para su marido y que ambos poseen una comunicación estrecha y bella. Llegué a admirar y a apreciar a una Vivi nueva. Desde ahora en adelante nada nos separaría. Nuestra comunicación se había renovado, gracias al Señor.

Llegó el día de regresar a casa. Oré mucho para que en medio de los problemas que me esperaban no se desvaneciera todo lo que había vivido y me había transformado. Vivi y yo nos escribimos largas cartas. También les escribimos a los esposos, agradeciéndoles mucho el tiempo que nos habían permitido pasar.

Erick y Rebeca me esperaban en el aeropuerto. Mientras Rebeca me cubrió de besos y abrazos, contándome las travesuras de Pancho, un perrito que le habíamos comprado en la víspera, Erick se mostraba taciturno y distante. Había pasado unos días muy difíciles a causa de una enfermedad de su mamá y otros conflictos. No estaba feliz de oírme gritar de la emoción que me embargaba. Entendí que era prudente tener cuidado, aunque me hería no poder contarle todo lo que Dios había hecho conmigo. Mis recuerdos y testimonios le eran indiferentes, pero sabía muy dentro de mí que Dios había y seguía obrando en nuestras vidas.

De repente, me di cuenta de que había sido como si nos hubiera caído un rayo después de la muerte de Ericka y ahora estábamos viviendo lo que el rayo había dejado en pie. ¿Dónde quedaron los pedacitos para restaurar nuestro matrimonio, nuestra relación como padres, nuestra vida entera? ¿Cómo nos acostumbraríamos a vivir ahora sin los planes de tener por lo menos dos hijos? ¿Cómo sacar adelante a Rebeca a pesar de nuestras frustraciones, tristezas y malos momentos?

De algo estaba segura. Dios había comenzado conmigo en aquel viaje y dependía ahora de mí, tomar su mano y seguir hasta ver restaurada mi vida y la de mi familia. Sabía que también vendría la resurrección de Erick y ese momento no tardaría. Le pedí a Dios fuerzas.

Rebeca comenzó a tener importantes progresos. Erick y yo poco a poco fuimos limando asperezas. No fue sencillo y tomó mucho tiempo sintonizarnos en la misma frecuencia. En una ocasión pude ver esto cuando al finalizar una reunión, una mujer joven y guapa se me acercó para decirme lo mucho que se había sentido identificada conmigo por el mensaje que acababa de ministrar. Me contó su experiencia con su hijo, el cual había sido sacado con fórceps al momento del parto y esto le había afectado seriamente.

—¿Dónde está tu hijo? —le pregunté.

Ella me respondió que lo tenía ahí cerca.

—Búscalo por favor, quiero verlo...

Y la mujer se fue y regresó, siendo interceptada en el camino por Erick quien de inmediato cargó al niño y lo besó con ternura estremecedora. Me sorprendió su reacción, su amor por esa criatura, (claro, después peleamos por el niño). Le decíamos lo hermoso que estaba, la bendición que era. Hasta Rebeca se acercó.

—Es igual a Ericka, ¿verdad? —dijo Rebeca y lo besó—. Ayudamos a esta familia, los invitamos a comer y hasta Guille se apuntó para conocer al pequeño. Le regalamos el aparato de inhalo terapia de Ericka para que no sufriera de flemas y aunque los padres estaban sorprendidísimos de nuestra reacción y amor para con su hijo, esto fue lo que realmente me indicó que Erick y yo estábamos en camino hacia nuestra sanidad y restauración matrimonial. Por primera vez, sentí que como pareja estábamos ministrando en este asunto y, además, sirviendo a nuestro Dios con un corazón abierto. No cumplir por cumplir o por ser nuestra responsabilidad.

¡Cuán grande es Dios!

23

Y LOS AÑOS PASARON

Podría pensarse que lo que sigue es inmediatamente después de lo que yo llamé: «nuestra resurrección» en el capítulo anterior. Sin embargo pasaron muchos años más. Teníamos casi diez años con el grupo maravilloso de jóvenes, pero Rebeca iba de mal en peor. La habíamos cambiado de varias escuelas hasta que se nos dijo que no iba a poder avanzar más, que la metiéramos a talleres o algo semejante porque ya no existía ayuda para ella después de la primaria. Era increíble pensar así, pues Rebeca era extraordinariamente funcional, pero su impulsividad y comportamiento nos sorprendía a todos. Decidimos, entonces, darle la oportunidad de que se le ayudara en el extranjero; así; aprovechando que teníamos los tres los papeles adecuados para vivir en Estados Unidos, decidimos dejar todo lo que hasta ahora conocíamos para cambiarnos a San Diego a donde vivía mi hermana (que estando ella ahí ya era un gran apoyo) y en cuanto hicimos esto, Rebeca recibió ayuda de por vida. Extrañamos muchísimo a los jóvenes, fue horrible la partida pero nuestra familia estaba primero. Así que con dolor y quebranto, pero al mismo tiempo con mucha paz, partimos. Pronto, las puertas se abrieron para iniciar una nueva aventura. Rebeca recibió ayuda inimaginable. La enseñaron y la entrenaron a ser independiente y aunque con muchos trabajos, logramos que se graduara de High School. Nuestras vidas ya estaban sanadas de nuestras terribles pérdidas. Jamás olvidamos a nuestras pequeñas y ahora tanto Erick como yo podíamos contar sus historias juntos. Dios había restaurado nuestro matrimonio y no fuimos una estadística más de un matrimonio que se disuelve. Confiamos en Dios y él hizo su obra en nosotros.

Viviendo en los Estados Unidos seguimos adelante sirviendo al Señor con todo nuestro corazón. Viajábamos atendiendo diferentes eventos e invitaciones, pues las puertas se nos abrieron en una forma extraordinaria y localmente teníamos un pequeño grupo de jóvenes. Erick trabajaba en FedEx para podernos mantener. Nuestra relación se había mejorado increíblemente. Ya no nos habíamos podido cambiar mutuamente así que por primera vez nos aceptábamos tal cual éramos. Estábamos en la mejor etapa de nuestra vida. Después de muchos años de terapias, escuelas, programas especiales y demás ayuda para Rebeca a través de los años ahora, ya en su mayoría de edad decidió vivir en lo que se llama "group home" que es una casa con muchachas con las capacidades iguales a las de ella. Nos encontramos con el nido vacío, descubriendo que por primera vez ya no estábamos preocupados por nuestras hijas. Era una etapa nueva y deliciosa que comenzábamos a disfrutar.

LLÉVAME AL HOSPITAL

Teníamos casi veinticuatro años de casados. Lo recuerdo perfectamente, ya que en veintitrés años jamás Erick había ido a un hospital. Yo, en cambio, había tenido varias operaciones, además de las dos cesáreas de mis hijas. Con todo y sus dolores de cabeza, depresiones e infecciones que Erick se inventaba, jamás había entrado a un hospital.

Estábamos en una junta con nuestros jóvenes cuando todos vimos que Erick se puso blanco. Se me quedó viendo y me dijo:

—¡Llévame al hospital!

—¿Qué? ¿Estás seguro?

—¡Sí, llévame al hospital!

Así que dejé a los jóvenes en mi casa y Erick y yo nos fuimos corriendo al hospital. Solamente decía que le dolía el estómago y, para variar, decía que seguramente tendría una infección estomacal.

Después de análisis y tomografías, los médicos le dijeron a Erick:

—Señor Vázquez, no vemos que usted tenga nada en el estómago. No sabemos si el dolor que tuvo pudo haber sido una piedra en el riñón, si fue así, ya la pasó. Sin embargo, lo que sí vemos es una masa en el riñón. Tiene que ir a su doctor.

—¿Una masa? ¿Qué significa eso?

—Pues no sé, pero bueno, vamos a hablar con el doctor.

Al día siguiente le hablamos al doctor muy quitados de la pena y las palabras del doctor fueron:

—Una masa en el riñón es un tumor.

Nos mandaron al urólogo y cuando el doctor vio todos los estudios le dijo a Erick:

—Señor Vázquez, usted debe tener la vara alta allá arriba. Usted sí tiene un tumor en el riñón pero está encapsulado. Está en medio del riñón. Su riñón funciona perfectamente, pero tenemos que quitárselo completamente, pues no hay otra forma de extirpar ese tumor. Por lo general cuando se descubren este tipo de tumores que no dan síntomas es porque ya se hizo metástasis y se le diagnostica cáncer por todos lados. Lo felicito señor Vázquez, usted va a poder vivir una larga vida con un solo riñón y todo va a estar bien.

Estábamos a punto de irnos de vacaciones y pensé que no iríamos. Erick le preguntó al doctor: para mí eran buenas noticias las que nos había dado el doctor. Erick viviría perfectamente con un riñón. No dejaba de pensar en las palabras:

«Señor Vázquez, usted debe tener la vara alta allá arriba». «Claro que sí» pensaba. Dios estaba con Erick y seguramente esto había sido algo que para los doctores se descubrió por *casualidad* pero a nosotros nos había quedado claro que era una *Diosualidad*.

El día de la operación llegó. Yo iba como si nada. Simplemente no tenía miedo, ni pensaba en nada. Hasta que Erick se despidió de mí antes de entrar al quirófano y ahí sí sentí pasos de animal grande. De momento pensé: *¿Y si no regresa?*

La operación fue todo un éxito, tanto así que al día siguiente lo mandaron a la casa. No lo podíamos creer. Su recuperación fue imperceptible. Es decir, realmente fue rápida y sin complicación alguna. Una o dos semanas después fue al urólogo para un chequeo postoperatorio y el doctor dijo:

—Señor Vázquez, le repito, usted tiene que tener la vara alta allá arriba. Mandamos el tumor a patología y usted tenía el *peor* de los cánceres en el riñón. Estaba completamente encapsulado. De verdad lo felicito pues no necesitará de quimioterapia ni radiación ni nada. Regrese en un mes y haga su vida normal.

Yo feliz. Erick no. «¿Qué raro, no? Lo primero que salió de sus labios fue:

—Dios me está dando una segunda oportunidad para vivir. Me extendió la vida por algo.

Mientras tanto, yo pensaba: *Perfecto, ya salimos de esta*. Y comencé a ver algunas cosas que quizás no hubiera notado antes si no hubiera sido por ese comentario. Desde que Erick se enteró que tenía un tumor canceroso vivió su vida muy muy diferente. Era como si tuviera prisa de arreglar todo. Cambió muchísimo. Había una diferencia en su trato. Era más paciente. No se enojaba ni se irritaba tan fácilmente. Eran muchas cosas que yo comencé a ver mientras él insistía:

—Dios me extendió la vida por algo. Tanto así que un día sin querer me encontré esta carta que me escribió después de esta experiencia y me sorprendió:

Hola Amorcito

Muchas gracias por todo lo que haces por mí. Ahora que he enfrentado la muerte y he salido victorioso quiero vivir una completa y total resurrección, no podré conformarme con menos y quiero conocer más de mi Dios y más de ti.

Quiero decirte lo mucho que significas para mí, eres un motivo muy grande para estar aquí, eres una flor para oler, una mujer para amar, un reto por conquistar, una fiera para domar, una paloma para consolar y amor para servir. Quiero decirte que no estoy aquí ciertamente para ser servido sino para servirte, para que te sientas feliz, total y completa en Dios.

Conociéndote, lo mas probable es que la palabra fiera te incomodará, pero yo no podría negar tu carácter, tu fiero carácter para conquistar lo inconquistable porque no existe barrera o montaña que te impida tu fiero carácter proteger como leona rugiente a tus cachorros

Era evidente para mí que esta carta no la había terminado y más adelante la entendería plenamente.

Después de algunas semanas comencé a ver cambios más predominantes en él. Llegaba invariablemente cansado, harto y fastidiado de su trabajo. Sin embargo, ahora era distinto. Sí, llegaba cansado y a veces quejándose, pero era diferente. Era como si tuviera que poner en orden toda su vida. En las noches comenzaba a arreglar cosas en la computadora, salía y me decía:

—Ven, ve esto. Aquí está esta cuenta. Aquí está este papel.

Entraba y veía cuánto dinero tenía en su fondo de ahorro y de retiro. Me decía:

—Mira, tenemos tanto y está subiendo poco a poco. Recuerda que tengo este fondo que será tuyo si yo llego a faltar.

Teníamos un seguro de vida el que pensábamos cancelar pues se vencería en un par de años más. Decía que si se terminaba el plazo de ese seguro, ya no lo renovaría e invariablemente me preguntaba:

—¿Qué harías con el dinero del seguro si yo me muriera?

Y siempre le contestaba yo en voz burlona y casi molesta porque ya parecía que me iba a poner a pensar en tal cosa:

—Me voy de viaje.

Y una y otra y otra vez me dijo:

—Por favor, compra la casa. Así cuando tengas 60 años y ya no puedas o quieras trabajar, no tienes que pensar en el pago de la hipoteca. Y yo medio impaciente le contestaba casi sin ponerle atención y viendo la tele:

—Si, okey, está bien.

Pero realmente me chocaba que esta conversación comenzara a ser más frecuente cada vez. Asimismo, me decía cosas tales como:

—Yo no quiero quedar sin mis facultades mentales. Si estoy en alguna situación en la que no voy a quedar bien, me desconectas inmediatamente, ni lo pienses dos veces.

Otra conversación recurrente era:

—Yo quiero ser enterrado. No quiero que me pasen por el fuego.

Y yo le decía:

—Pues ya ni vas a sentir, qué importa como sea.

Pero una y otra vez me decía y me volvía a decir:

—Yo quiero ser enterrado.

Un buen día estábamos viendo la televisión y salió un anuncio de cremación y Erick preguntó:

—¿Por qué aquí todos creman?

—Porque es más barato —le contesté.

—Ah, ¿es más barato?

—Huy sí. Un funeral te cuesta muchísimo dinero, se te va un buen poco de lana en eso.

—Ah bueno, pues si es más barato, entonces mejor que me cremen.

Este tipo de comentarios eran tan intensamente frecuentes que comencé a preocuparme. Ni idea tenía que todas estas conversaciones serían tan importantes para mí unos días después.

Por mi parte y casi al mismo tiempo que esto sucedía comencé a tener un sentimiento raro. Era un *saber*. Solamente así lo puedo describir. Era como cuando yo *sabía* que mis hijas no venían bien. Lo sabía, era como si Dios me hubiese preparado. Era un saber y, por supuesto, que lo oraba, lo reprendía y lo trataba de desechar; sin embargo, era una certeza y una seguridad de que todo estaría bien.

Bueno, ese *saber* llegó de nuevo a mí. Comencé a verme en un hospital. Nosotros viajábamos casi cada fin de semana en coche y cuando a veces me tocaba manejar lo hacía con muchísimo cuidado y lo hacía muy alerta, pues no sabía si lo que sentía era como una advertencia para manejar con cuidado, o si tendríamos un accidente o algo parecido.

Aunado a todo lo que Erick me estaba diciendo, comencé a sentir que si Erick presentía algo, él sin duda me lo diría si yo le manifestaba mis temores. Así que se lo dije:

—Erick, me veo en un hospital.

Le dije que presentía que algo iba a pasar y me sentía rara. Él me abrazó y comenzó a orar y a pedirle a Dios su protección. Reprendió al diablo y para nada mencionó que él sintiera algo parecido. Me tranquilicé pero de nuevo se presentó esa perturbadora sensación de que algo estaba por ocurrir.

Erick estaba en paz. No sé cómo describir esa beatitud que lo invadió. Era como si un gran peso se le hubiera quitado de encima. No había día que no dijera:

—¿Sabes lo que amo? Mi relación con Dios. Estoy feliz con mi relación con Dios. No sé por qué la gente se pelea tanto con respecto a las diferencias de hacer las cosas. No entiendo por qué se complican tanto la existencia siendo la relación con Dios tan sencilla, tan hermosa.

Y esto me lo repetía a cada momento.

24

LOS PEORES TRES DÍAS
DE MI VIDA

Recibí una llamada de Erick diciéndome que venía de camino a casa. Se sentía raro, no sabía explicar cómo ni por qué. Los días anteriores había tenido un fuerte dolor de cabeza al que no le había dado importancia. Ahora le estaban regresando de su trabajo, pues no lo veían bien. Así que me pidió llevarlo al hospital. Cuando llegó, no lo vi ni tan enfermo ni mal. Se veía normal, solo preocupado.

—¿Cómo te sientes? —le pregunté.

—Pues, raro. No sé qué tengo.

—¿Todavía te duele la cabeza?

Me aseguró que no tanto.

Tomó un vaso y fue al refrigerador a servirse agua y al quererla ingerir no pudo.

—¡No puedo pasármela! —dijo asustado, sin dejar de mirar el vaso.

—¿Cómo que no la puedes tragar? —le contesté.

—Mira, tomo agua y no la puedo pasar. ¿Qué tendré?

—No sé —le respondí.

Y nos fuimos al hospital.

Él bajó del coche para dirigirse a la sala de emergencias mientras yo estacionaba el vehículo. En Emergencias no mencionó su dolor de cabeza, solo dijo que no podía tragar. Así que le dijeron que le harían una tomografía de la garganta con medio de contraste para ver qué pasaba. Solo que tardarían en hacer esto. Mientras esperábamos, nos pusimos a platicar. Yo le decía que era reflujo (sí, yo, tratando de ser la doctora, la que sabía). ¿Qué más le podía decir? ¿Qué podía saber yo por qué no podía tragar si ni los doctores jamás se imaginarían lo que estaba a punto de ocurrir.

Después de tres horas de espera, en las que yo me aburrí, él me pidió, con velada desesperación, que me marchara a casa.

—¿Que, qué? Por supuesto que no. Aquí me voy a quedar contigo.

Puedo pensar en las tres cosas por las cuales me dijo que me fuera. Conociendo a Erick, la primera era: «Ve a casa para que trabajes un rato en lo que me atienden». Otra era: «Estás tan aburrida que mejor vete a la casa». Y la tercera: «Vete a casa... mira que esto va para largo». No sé cuál fue la intención ni por qué me dijo que me fuera. Pero por supuesto que no estaba dispuesta a moverme de allí, no importaba qué tan aburrida y desesperada fuera la espera. Le dije que iría a hablarle a mi mamá, pues nadie sabía que estábamos ahí.

Mientras hablaba con ella, Erick comenzó a gritar:

—¡Me duele la cabeza! ¡Háblale al doctor, que me duele horrible la cabeza!

Le dije a mi mamá que después le hablaría para lanzarme a buscar a un doctor, obteniendo la indiferente respuesta de que todos estaban ocupados con otros pacientes, que no tardarían en venirlo a revisar. Erick gritaba cada vez con más fuerza, mientras se ponía la punta de sus dedos en las sienes en un intento por paliar el dolor. Al oír sus gemidos, llegaron los doctores para llevárselo en una camilla, directo a la tomografía. Le suministraron un sedante, que solo ocasionó que él manifestara, con gritos que helaban la sangre, que no podía ver. Por supuesto que esto me asustó sobremanera, pero los médicos me dijeron que a veces los analgésicos provocaban visión borrosa. Erick insistía en que estaba ciego, mientras yo en vano intentaba calmarlo.

—Cierra los ojos y no te apures por eso, que ya te lo atenderán después —le decía.

Pero él seguía gritando sin prestarme mucha atención. Fue cuando desaparecieron tras la puerta del lugar donde se hacen las tomografías. Me parecieron solo minutos los que pasaron cuando lo regresaron, sin que aminorara en lo absoluto el dolor que lo hacía gritar. No sabía qué hacer, qué decir, me hallaba paralizada. Solamente lo abracé para decirle que todo estaría bien.

—¡No me quiero morir de dolor, no me quiero morir de dolor. Dios mío! —alcanzó a decir antes de caer, inconsciente, en mis brazos.

—Dios mío. ¿Qué está pasando?

Yo no entendía nada. Pensé que se había desmayado. No sabía qué pensar. Con la vista nublada en lágrimas, le dije en voz alta:

—Erick, si me escuchas, apriétame la mano...

No hubo respuesta. Un doctor se aproximó para decirme:

—Señora, tenemos mucha suerte. El paciente tiene sangre en el cerebro. Pero es una fortuna que esto le haya sucedido aquí en el hospital. Lo vamos a intubar para iniciar el tratamiento. En ese momento, de nuevo comenzó el tumulto y voces de confusión. Llegaron enfermeras, más médicos, y a toda prisa se llevaron a Erick a un cuartito en donde lo prepararon. Oí que gritaban: «Señor Vázquez va a estar bien, lo vamos a intubar». Yo pensé que había recobrado el sentido. Cuando entré a verlo estaba con un tubo en la boca y me explicaron que eso se lo habían hecho para que pudiera respirar mejor y que lo habían sedado. Y las palabras que me calmaron fueron: «Está estable». Bueno, para mi *estable* significaba fuera de peligro. Ahora sé que para ellos *estable* significa: sin cambio... ¡Para adivinar!

No sé en qué momento me bloqueé porque no recuerdo muchas cosas, lo que sí tengo presente es que se me acercó una doctora para decirme:

—Su esposo está gravísimo. ¿Tiene hijos? ¿Tiene familia?

—Sí —le contesté.

—Pues mande por ellos, que venga la familia porque su esposo tiene un aneurisma cerebral. Tráigalos lo antes posible. El neurocirujano vendrá después.

Comenzó el sube y baja de emociones. Primero me decían que estaba estable, luego que estaba gravísimo. No entendía nada.

Yo no sabía lo que era un aneurisma cerebral. Ignoraba lo que eso significaba, si era de gravedad, si se iba a recuperar, si eso derivaría en una operación, una rehabilitación o qué. Lo único que recuerdo es que seguido de la doctora de pronto me presentaron a una capellana. Ahí sí me enojé. ¿Una capellana? A esas solo te las traen cuando hay algo grave, es como si llamaran a un sacerdote a impartir los santos óleos. Pero, si Erick ora. Yo oro. ¿Para qué necesito a una capellana? Ni la conozco. Conociendo a tanta gente, a tantos pastores, a tantos líderes, ¿por qué esta mujer está aquí? No podía entender. O más bien no quería. Esta mujer me dijo:

—¿Qué puedo hacer por ti?

«¿Cómo que qué puedes hacer por mí? Nosotros oramos. Nosotros somos cristianos. No sé qué puedes hacer por mí» pensé.

Muy cortésmente decliné su ayuda. Ella permaneció a mi lado.

Al ver que no tenía intención de dejarme sola, comencé a hablarle a toda mi familia. Llamé a conocidos para que me trajeran a Rebeca. Hablé a mis pastores que estaban en un congreso de liderazgo y al enterarse de lo que estaba sucediendo, pusieron a todo el congreso a orar por Erick. Le hablé a quien se me ocurrió que podía necesitar en ese momento. Yo gritaba porque no me escuchaban por el teléfono, la recepción de la señal no era buena. Además de que mi familia no sabía ni siquiera lo que estaba pasando y mucho menos lo que acababa de suceder. De hecho, mi sobrina se enteró por Facebook, pues durante las horas de espera yo escribí que estaba en el hospital con mi esposo, que oraran por él, pero lo escribí sin jamás pensar que era algo de gravedad. Así que cuando mi sobrina me habló para preguntarme lo que pasaba, no podía creer lo que le estaba diciendo. Yo estaba temblando. Todo se me hacía que estaba sucediendo como en cámara lenta. Quería llorar, quería correr, quería que el doctor llegara para preguntarle mil cosas. Pero la que tenía a mi lado era la capellán que seguía todavía ahí preguntándome que qué podía hacer por mí. Así que le dije:

—Bueno, si estás aquí para orar, ora entonces.

Me apena decirlo pero yo estaba furiosa. Me entró enojo, no contra la pobre mujer que de hecho estaba ahí para ayudarme, sencillamente me dio rabia que esto estaba pasando. No sé explicarlo pero me enojé mucho. ¿Cómo era posible que de estar platicando con mi esposo por horas, de repente en minutos, pasara todo esto? ¿Habrían cometido algún error? ¿A quién culpo? ¿Contra quién me voy? ¿A quién le grito? Todo esto me cruzaba por la mente mientras la capellana oraba por Erick y por mí. No podía ni concentrarme en lo que ella oraba. Mi mente iba y venía. ¿Qué va a pasar? ¿Qué significa todo esto? Mi vida estaba recibiendo una paliza, me estaba cambiando la vida en segundos y lo incierto se apoderó de mí. Por fin comenzó a llegar mi familia.

Todos tenían caras de desconcierto.

«¿Qué pasó?», me preguntaban.

Yo les contaba todo lo que hasta ese momento había pasado. Cuando la capellana vio que ya me encontraba acompañada, se despidió para marcharse. Me da tanta pena con ella. Su trabajo no es nada fácil y menos cuando te tocan este tipo de situaciones tan adversas como inesperadas, siendo tan desconcertantes las reacciones de alguien como yo.

La gente llegaba y me abrazaba. Llegaban llorando. Llegaban dándome casi el pésame. Yo pensaba: «¿Sabrán algo que yo no sé?». Me dijeron que estaba estable. Esa palabra para mí era buena. Así que cuando casi me daban el pésame yo me defendía y hasta bromeaba pidiéndole a la gente que por favor no me dijeran: «Lo siento». Todavía no pasaba nada. Todavía Erick estaba vivo. Todavía existía esperanza.

Mientras tanto, se habían llevado a Erick a hacerle estudios. Cuando llegó el doctor a darme los resultados del angiograma, al ver que la sala estaba llena de gente preguntó:

—¿Quién es la familia?

—Los que estamos aquí. Todos nosotros —le respondí.

Se aclaró la garganta, y dijo:.

—Discúlpenos, señora. Nos tardamos mucho porque no encontrábamos el aneurisma. Estos por lo general se encuentran al lado o arriba del cerebro. En el caso de su esposo estaba en medio y abajo. De hecho arriba del cerebelo. No significa nada, solamente que nunca habíamos visto un caso así.

Pensé: *Hmm para variar. Nunca había visto algo así.*

Al terminar de decir lo que dijo, pude ver en su cara que la cosa era grave. Y prosiguió:

—Ya el cirujano le dirá qué se tiene que hacer.

E inclinó el rostro para salir.

Francamente, me quedé igual. ¿Qué significaba eso? Estaba confundida, triste, ya se me había abierto el suelo pero seguía sin saber nada. Me sentía mejor al saberme rodeada de mi familia, pero al mismo tiempo no tenía cabeza para pensar nada. Regresamos a la habitación de Erick. La habían acondicionado en emergencias, pues todavía no había un cuarto en terapia intensiva. La habitación parecía romería. Se me ocurrió llamarles a los tíos de Erick que vivían a una hora de San Diego. Llamé a su hermana. Llamé a su jefe el cual estaba completamente atónito de lo que estaba escuchando. No lo podía creer e igual que todos solo me repetía «Lo siento. Lo siento mucho señora».

Yo estaba como ida. No sabía qué tenía que hacer en ese momento. Quería hacer algo, pero no tenía idea qué. Pensaba que si me quedaba a dormir en el hospital necesitaría ropa. Los pensamientos iban y venían y de momento le preguntaba a mi familia:

—¿Qué va a pasar?

Solo me miraban con cara de incógnita, pues ellos mismos tampoco sabían. Todos estábamos esperando al neurocirujano que llegara y nos dijera cuál era el siguiente paso.

Una de las enfermeras me dijo:

—Háblele a su esposo señora, la está escuchando. Él es muy joven, se va a recuperar.

Yo escuchaba esto y me llenaba de esperanza. Le susurré muchas cosas a Erick al oído. Cosas muy personales. Cosas que en otros momentos lo hicieron sonreír. Cosas que solo él y yo compartíamos. Y por supuesto le dije que lo amaba y que no me movería de ahí.

Los tíos de Erick entraron a la habitación. Gina comenzó a cantarle al oído. Fue algo muy hermoso. Cantaba coros y le decía que todo estaría bien. A Mario, su tío, solamente se le veía la cara de preocupación y ambos trataban de ser fuertes conmigo pero sus lágrimas no dejaban de correr por sus mejillas. Estaban tan atónitos como todos nosotros.

Me urgía que lo cambiaran a un cuarto más privado. Yo sentía que la atención no era la misma y realmente me angustiaba que estuviéramos ahí en medio del movimiento de emergencias. Mi sobrina, que estaba a mi lado, me dijo que me fuera a casa por mis cosas. Hasta hoy no recuerdo ni qué cosas, ni por qué quería yo irme a casa por algo. Solo obedecí y salí de ahí deseando irme a casa. Llevaba conmigo la ropa de Erick y la puse en el cuarto con todo y la bolsa del hospital. No sabía ni qué llevarme. ¿Pijamas? ¿Cosas para el baño? No es como que tendríamos un cuarto privado. Así que realmente solo había ido a perder el tiempo. Mientras tanto, entraban llamadas a mi celular y contesté algunas, especialmente de buenos amigos que deseaban saber qué estaba pasando. Para estas alturas, la noticia había corrido atravesando distancias, países, fronteras y todo. Mis amigos oraban por nosotros y uno de ellos me dijo: —Gloria, esta enfermedad no es de muerte.

Yo pensé: *¿Muerte? Ni lo estoy tomando en cuenta. Ni siquiera el pensamiento atraviesa mi mente.*

—Claro que no —le dije, resuelta—. ¡Yo sé que no!

Regresé al hospital esperando que para entonces ya el doctor hubiera llegado.

Por fin, a las diez de la noche pasaron a Erick a terapia intensiva. ¡Qué bendición! Fue una diferencia del cielo a la tierra. El cuidado era impecable. Las enfermeras ahí sabían lo que estaban haciendo y era otro el ambiente que se percibía.

—Disculpe —le dije a una enfermera—. ¿A qué hora vendrá el doctor?

—¿El doctor? —repitió, sorprendida.

—Pues sí. Lo he estado esperando todo este tiempo.

—Lo siento señora, el doctor no viene sino hasta mañana. Ha estado pendiente viendo todo por internet y dando instrucciones. Pero no va a estar aquí sino hasta mañana.

No lo podía creer. Quería escuchar explicaciones, deseaba escuchar cuándo lo operarían, qué harían, qué estaba pasando. Que me dijeran por qué mi esposo estaba así, qué había pasado. Por qué le había pasado. ¿Se pudo haber evitado? ¿Qué sigue? ¿Estará en terapia? ¿Cuándo le quitarían los tubos? En fin, tenía una y mil preguntas y nadie me las podía aclarar.

El cuarto de terapia intensiva era solamente un cubículo donde cabía la cama de Erick y una silla. No había manera de que yo me pudiera quedar ahí.

—Señora —me sugirió alguien—. Se puede quedar en la sala de espera, pero le recomendamos que se vaya a casa y vuelva mañana; sin embargo, como usted quiera.

Cuando vi la sala de espera, aquello parecía romería. Había familias enteras acampando ahí. Era bastante deprimente; gracias a Dios yo vivía muy cerca del hospital. Sin duda me hablarían si algo sucedía así que resolví irme a casa. Cuando entré y comencé a ver las fotos de Erick y después su ropa en la bolsa del hospital, comencé a llorar desesperadamente. No quería ni imaginarme lo que podía pasar. Me rehusaba a pensar en la muerte o en extrañar a Erick antes de tiempo. Pensaba lo que siempre he pensado: *Mientras hay vida hay esperanza. Lo viví con mis hijas, que no lo viva ahora con mi esposo.* Había pedido a los tíos de Erick que se quedaran conmigo. Les di de cenar y después de ubicarlos en sus habitaciones me fui a mi cuarto, para darle rienda suelta a mi llanto. No quería que nadie me escuchara. Comencé a buscar por la Internet lo que era un aneurisma cerebral. Cuando comencé a leer y ver lo que era nada podía calmarme.

Los aneurismas en el cerebro ocurren cuando hay un área debilitada en la pared de un vaso sanguíneo. Un aneurisma puede estar presente desde el nacimiento (congénito) o puede desarrollarse más tarde en el transcurso de la vida, como después de la lesión a un vaso sanguíneo.

Los aneurismas cerebrales rotos con frecuencia son mortales. Aproximadamente un veinticinco por ciento de las personas mueren dentro de las primeras veinticuatro horas y otro veinticinco por ciento mueren dentro de un período aproximado de tres meses. De aquéllos que sobreviven, aproximadamente un veinticinco por ciento tendrán algún tipo de **discapacidad permanente.**

Cuando leí *discapacidad permanente* no podía dejar de llorar. Las palabras de Erick me taladraban en el cerebro: «No me quiero quedar sin mis facultades mentales. Si estoy intubado me desconectas inmediatamente».

Agarré la almohada para sofocar mis gemidos. Y entre gritos y llanto le dije al Señor:

«Escúchame bien lo que te voy a pedir, Dios. ¡¡Escúchame!! Si Erick no va a quedar bien, si sus facultades mentales no quedan iguales; si no va a volver a predicar y a caminar y hacer su vida como hasta hoy, ¡llévatelo! No por mí, por él. Por su dignidad. Por favor. Tú sabes que jamás te pediría esto, pero te lo suplico por él, Señor».

Cuando mis hijas estaban muy enfermas, muchas veces Erick me dijo: «Vamos a orar para que el Señor se las lleve. Que dejen de sufrir». E invariablemente yo le respondía: «Jamás oraré así. Jamás le pediré al Señor que se las lleve. Si ellas mueren yo aceptaré que es la voluntad de Dios pero jamás oraré

para que se las lleve. A mí no me estorban. A mí no me moles-
tan. No están sufriendo. Yo sufro más que ellas. Pero jamás
oraré así». Por eso, cuando hice esta oración, literalmente era
por él y no por mí. Mentalmente yo ya había movido muebles y
tumbado paredes pensando en una silla de ruedas y una gran
rehabilitación. No quería causar lástimas. No quería vivir así.

No pude dormir. Me urgía que amaneciera para correr a
su lado y escuchar al doctor y hacerle mil preguntas.

Al leer el artículo de lo que era un aneurisma, entendí
muchas cosas. Comprendí por qué Erick no había podido tragar. Entendí por qué gritaba que no podía ver. Estaba perdiendo sus funciones y no sabía si las recuperaría. Me urgía saber
si Erick sería una de esas personas que sobrevivirían y cómo.

Por fin amaneció. Me fui para el hospital y al llegar junto
a su cama, lo besé. Se veía igual pero yo me sentía feliz de
estar a su lado. Sus tíos, que tenían que irse, se despidieron
de él y de mí. Les agradecí que hubieran pasado la noche en
casa. Llamé al pastor Bayless Conley, a quien le traduzco desde hace años, y a su esposa Janet. Ellos han sido excelentes
amigos nuestros y personas llenas de Dios. Sabía que sería
difícil que se enteraran de lo que estaba pasando, pues ellos
viven cerca de Los Ángeles y nosotros estábamos en San Diego. Se puso a nuestras órdenes y me dijo que informaría en la
iglesia, donde todos nos conocían, para que oraran por Erick.

Por fin el doctor había llegado y me mandó llamar. Mi
mamá estaba conmigo y juntas escuchamos que nos decía:

—Buenas noticias. El cerebro está vivo...

—¿En qué condiciones?

—¿Cómo, señora?

—Sí, doctor. ¿En qué condiciones? ¿Qué puede hacer?
¿Todo funciona bien?

—Eso no lo sabemos todavía. Lo que le puedo decir es que
en mis treinta y tres años de atender a este tipo de pacientes, y
mire que soy muy bueno en esto, jamás había visto un caso así.

Yo no sabía qué decir. ¿Sería eso bueno, sería malo? ¿Qué
significaba en términos reales y prácticos?

El doctor prosiguió:

—Mire, señora. Yo sé que usted estará pensando en por qué los médicos en emergencias no supieron esto antes. Por qué se tardaron tres horas en hacerle una tomografía. Ellos no podían saber que uno de los síntomas de un aneurisma era precisamente el no poder tragar. Eso yo tampoco lo había visto. Así que no piense que su esposo no fue atendido bien. Se hizo todo lo que se tenía que hacer. Ahora vamos viendo lo que sigue.

Comenzó a hacerme preguntas. Quiso saber cuándo comenzó el dolor de cabeza. Recordé que desde el miércoles.

El doctor dijo:

—Ahí es donde comenzó el derrame. Cuando la sangre sale, provoca el dolor de cabeza. Es como si se tratara de un ácido por lo que duele bastante. Lo increíble de su esposo es que se haya ido a trabajar. ¡Casi no lo puedo creer! Si su esposo fuera mi hermano le diría que tenemos que operarlo ya. Yo jamás he operado un aneurisma como el de su esposo. Pero de que se tiene que hacer, se tiene que hacer. Tenemos que cerrarlo. Le doy cincuenta por ciento y cincuenta por ciento de probabilidades de que todo salga bien. Existe otro tipo de tratamiento que podemos intentar. Aquí en San Diego hay dos doctores que hacen este procedimiento y es el de poner platino en el aneurisma. Rellenar el aneurisma y de esa forma cerrarlo. Si estos médicos acceden a realizarlo ya no habría que operar.

La noche anterior yo había leído sobre este tratamiento así que sabía de qué estaba hablando el doctor.

—¡Adelante! —le dije, impaciente—. Haga lo que tenga que hacer, pero ¡ya!

—Está bien, señora, así se hará. Tengo que localizar a estos doctores. Mientras tanto, déjeme revisar al paciente.

Después de unos momentos de examen de Erick, el doctor se volvió a mí para decirme:

—Vamos a hacer una perforación en el cerebro para comenzar a liberar la sangre.

—Está bien.

Esto tenía que ser algo bueno. La sangre tenía que salir.

Me sorprendió cuando prosiguió diciéndome:

—Por favor, señora, no quiero que maneje.

Me le quedé viendo con azoro sin entender de qué me estaba hablando.

—Señora —prosiguió—, he visto a muchos pacientes a quienes no les ayuda darse cuenta cuando despiertan que sus seres queridos no están con ellos. Estos, por lo general no duermen bien, no comen, están muy alterados, sus reflejos se ven afectados y cuando conducen sus automóviles, tienen accidentes. Así que cuídese por favor. Deje que su familia le ayude para que usted esté bien.

Esas palabras contenían una esperanza que capté en seguida: «Cuando mis pacientes despiertan». ¡Erick despertaría!

Para mí era todo un avance. Buenas noticias. Esperanza. Regresamos a la habitación con otro ánimo. Ya le habían hecho la perforación craneal y solo veía entrar y salir a la enfermera. En una de esas la observé con los dedos pegarle al frasco donde supuestamente la sangre tendría que irse acumulando, pero no había mucha. Yo no despegaba la mirada de la enfermera.

—¿Qué pasa? —le pregunté.

No me contestó.

Insistí:

—Por favor, dígame qué pasa.

—Bueno... es que no sale sangre. Tiene que salir bastante sangre, pero en el caso de su esposo no sale nada.

Muy pronto lo estaban llevando a que le hicieran otro angiograma.

La espera, la incertidumbre, los pensamientos corriendo de un lado a otro. El doctor me lo había dicho. En un momento estaba estable, en el siguiente minuto las cosas se ponían mal. No entendía, pero dentro del torbellino de emociones solamente pensaba que Dios estaba en control. No sabía cómo, no sabía cuál sería el resultado pero de alguna manera sabía que Dios estaba en control y aunque yo estaba hecha un manojo de nervios y sabía que no estaba ya en mis cinco sentidos, muy dentro sabía que Dios tenía la última palabra en todo esto.

Regresaron a Erick al cuarto y a la hora en la que el doctor me dijo que llamaría por teléfono, lo hizo. Corrí al teléfono para escuchar si había conseguido a los doctores que harían el procedimiento de rellenar el aneurisma.

—Señora, conseguí al doctor que hace el procedimiento del que hablamos. Sin embargo, el cerebro de su esposo está bien muerto.

Esas fueron sus palabras exactas. Prosiguió diciéndome no sé ni qué cosas. Ahí perdí. Mi mamá, que estaba a mi lado no podía creer lo que yo le estaba diciendo que el doctor me había dicho:

—¡Su cerebro está muerto! —grité y me fui corriendo a abrazar a Erick.

Sentía que había perdido mucho tiempo esperando una cosa y la otra, en vez de estar solamente a su lado sin moverme, sin hacer nada más que estar con él. ¿Y ahora qué? Veía a las enfermeras poner líquidos y remover bolsas y me preguntaba: ¿para qué?

Mi hermana me dijo:

—Gloria, esto es solo para mantenerlo vivo, en lo que decidimos qué hacer.

—¿Qué hacer de qué? ¡Desconéctenlo! Erick no quería estar así. ¡Desconéctenlo!

Yo lloraba y gritaba. Mi familia trataba de calmarme. Estaban igual de tristes y confundidos pero al verme a mí no podían más que apoyar cualquiera que fuera mi decisión. Pensaba en la hermana de Erick. ¿Vendría a verlo antes de desconectarlo? ¿Qué hago Dios mío, qué hago?

En medio de mi confusión, angustia, gritos y mi llanto, se me ocurrió hablarle a Bayless y Janet de nuevo para decirles:

—Bayless, tú no estás en este caos. No sé qué hacer. Sé que Erick quería ser desconectado inmediatamente. Sé lo que tengo que hacer y sé que eso es lo que sigue. No tengo la menor duda. Pero estoy deshecha. No puedo ni pensar.

Él me dijo con toda calma:

—Gloria, si Dios va a hacer un milagro, lo hará con Erick conectado o desconectado. Lo que hagas está bien. Janet dice que te esperes hasta mañana. Así tienes tiempo de procesar la situación y mañana verás todo con otro ánimo.

En ese instante entré en paz. Fue inmediato, fue como que alguien había quitado una cortina de mis ojos y podía ver claramente. Rebeca ni siquiera estaba ahí. ¿Cómo procedería a hacer algo así sin ella? Ni siquiera sabía lo que estaba ocurriendo. Me tranquilicé y tomé la decisión que al día siguiente a primera hora lo haría. Las enfermeras preguntaron que si algo sucedía en la noche; es decir, si Erick necesitaba que lo resucitaran o si lo dejaban ir.

—Si algo sucede, lo dejan ir. No lo resuciten —contesté, tranquilamente.

De pronto, me percaté de toda la gente allí congregada. Bueno, de hecho no recuerdo bien, solo tengo presente a mi familia y a algunos muy amados amigos nuestros como Joe y Ada Rosa que habían ido a orar. Cuando vieron todo el relajo solamente estaban parados en una orilla viendo la acción y atónitos de lo que estaban presenciando. Los vi, les di las gracias por haber ido y con toda calma les dije:

—Vengan, vamos a orar.

Me paré junto a la cama y comencé a acariciar la pierna de Erick. La bata que tenía puesta estaba arriba de su rodilla y Joe le quiso bajar la bata. Me le quedé viendo y le dije:

—Joe, sé lo que estoy haciendo. Estas piernas ya no las voy a volver a ver. Me las quiero aprender. Quiero verlo, sentirlo, quiero recordarlo tal cual era, pues esto ya no lo voy a tener. Y volví a subirle la bata para seguirlo acariciando. Comencé a orar: «Señor, gracias por la vida de mi Erick. Gracias por los años que nos diste juntos. Gracias por haberme dado al esposo que me diste que te fue fiel y me fue fiel».

Y me dirigí a Erick:

—Gracias, cariño, por todos estos años que disfrutamos juntos. Gracias por tu vida y por tu amor. Gracias por mis hijas y por todo lo que hiciste por mí.

Y palabras más, palabras menos, mi corazón estaba completamente agradecido con Dios y con Erick, pues hasta ese momento el Señor nos había mantenido juntos. Hasta ese momento, nos había ayudado Dios. Hasta ese momento, la misericordia de Dios se había mostrado en nosotros y hasta ese momento, Dios nos había mantenido unidos.

Dejamos el hospital y nos fuimos a casa de Vivi. Yo estaba en shock. No podía creer lo que estaba pasando. Al llegar hablé con Rebeca y le dije que su papá moriría al día siguiente. Que lo tenía que desconectar de todos lo tubos que por ahora sostenían su vida.

Ella, por supuesto, irrumpió en llanto diciendo:

—¡No, no!

Todos la consolamos y le dije:

—Vamos a estar bien.

Obviamente ninguna de las dos pegó el ojo en toda la noche. No sé ni qué hora era, pero al ver que donde vivían mis hermanos ya era de día, les llamé para decirles lo que estaba ocurriendo. También estaban sorprendidos. No lo creían. Habíamos hablado durante el día, pero jamás imaginaron la gravedad de Erick. Preguntaban una y otra y otra vez que si estábamos en un hospital recomendable, que si los doctores que habían atendido a Erick eran buenos, que si no quería yo transferirlo a otro lado, en fin, eran esas preguntas que contestaba sin pensar. ¿Qué más se podía hacer cuando te habían dicho que su cerebro estaba muerto?

Solamente quería que amaneciera para correr a su lado y estar junto a él más tiempo. No había amanecido cuando ya estaba lista para salir hacia el hospital.

—Señora, estamos listos, cuando usted lo diga, lo desconectamos —me dijeron los enfermeros y los médicos que ahí se encontraban.

—¡Háganlo ya! —les dije.

Nos sacaron del cubículo.

Minutos después fueron por nosotros y casi corrí al lado de Erick. Me imaginaba que moriría inmediatamente. Cuando lo vi tranquilamente respirando por él mismo me sorprendí. Pensé: *¿Y ahora qué se hace? ¿Cómo lo despido?*. Y recordé todos los cantos que a Erick le gustaban. Siempre me decía: «Cántame Dos Palabras». Era una canción escrita por mi hermano Eddy que a Erick le gustaba. Pero siempre me decía que se la cantara en broma... y sí, comencé a cantársela, abrazada de su pecho con el oído pegado a su corazón y con lágrimas en mis ojos y la voz quebrada:

Hay un momento en el que estoy sola,
mi cuerpo de rodillas se prepara para orar,
guardo silencio cierro los ojos,
al Señor pongo en mi mente y le empiezo a decir:

Señor Jesús aquí estoy
conociendo que tú oyes mi humilde oración
Señor Jesús en este día especial
no vengo a pedir, no vengo a gemir
solo vengo a decirte: Te amo.

A veces me pierdo en tantos problemas
parece que olvido lo que eres tú en mí,
mas en esos momentos tomada de tu mano,
mi corazón agradecido se estremece al decir:

Señor Jesús aquí estoy...

Comencé sola, pero al poco tiempo toda mi familia se unió a mi canto. Y seguí y seguí entonando otros cantos que recordé que le gustaban a Erick. Uno tras otro salían, no sé ni cuánto tiempo había pasado cuando dejé de escuchar su corazón. Comencé a llorar y a gritar y por dentro imploraba con Dios. «Dame una señal. Dame al menos una señal de que me está escuchando, que se está despidiendo. Que hice bien al desconectarlo, que él estará bien».

¡Y de pronto, su corazón comenzó a latir de nuevo!

Mi familia tenía los ojos fijos en el monitor que ya estaba en una sola línea, como lo vemos en las películas cuando alguien muere. Sin embargo, de momento comenzó a sonar de nuevo y la línea comenzó a subir de cero a diez, a quince, a veinte, a treinta, a cuarenta y ahí se quedó. Yo seguí cantando. Pero pasó algo que jamás olvidaré. En mi llanto y en mi dolor, en mis gritos desesperados al no escuchar su corazón comencé a recordar las palabras de Erick cuando Paola había muerto. Él me decía: «No llores. Deja que se vaya feliz con el Señor. Que no luche entre irse con Dios o quedarse con una madre triste. Déjala partir». En aquel momento, no le hice caso sino que seguí llorando y sí, despidiéndola y orando pero triste y con lágrimas. Así que cuando el corazón de Erick volvió a latir, recordé sus palabras y era como si me las estuviera diciendo de nuevo: «No llores. Voy a estar bien. Voy con Dios y tú vas a estar bien. Déjame ir». Y para mí aquella fue la señal de que me estaba escuchando. Seguí cantando por un rato más. De verdad no sé cuánto tiempo pero mi familia dijo que fue bastante. Y sin más, su corazón dejó de latir. Inmediatamente comencé a sentir su cuerpo frío. Cuando levanté mi rostro para verle ya no estaba ahí. Era otro. Era diferente y comencé a gritarle a Cristina, la esposa de mi pastor en San Diego que ahí se encontraba con su esposo, apoyándome:

—¡Sácame de aquí!

Las enfermeras dijeron que lo iban a preparar para que lo pudiera ver después. Les dije:

—Hagan lo que quieran. Mi esposo ya no está ahí y yo ya no quiero ver ese cuerpo. Jamás volví a ver aquel cuerpo inerte hasta que en forma de cenizas lo tuve solo por un tiempo.

Y salí llorando y de nuevo tratando de comprender lo que acababa de pasar. De nuevo, un familiar muy cercano había muerto en mis brazos. Había visto partir al hombre con quien compartí casi veinticinco años de matrimonio, vivencias, pérdidas, momentos duros, bonitos, tranquilos. La cotidianidad de la persona que ya conoces tanto y que ahora no la verás más. Otra vez estuve presente cuando el aliento de Dios sale por el cuerpo y el cuerpo vuelve a ser solo un estuche sin vida, sin el aliento de Dios, sin el espíritu que lo vivifica. Otra vez, la tercera vez que había escuchado el corazón de mi ser querido dejar de latir. Y por más que quieres volver a meter ese aliento de vida, no puedes. ¿Y ahora qué? ¿Cómo puede ser? ¿Cómo puede ser? ¿Cómo puede ser? Para mí era increíble. No sabía ni qué acababa de pasar. Me llevaron a un cuartito en el hospital y ahí estuvimos todos. Todos impávidos. Nadie se atrevía a decir nada, traspasados como yo, por la pérdida. Hasta que Gamaliel, mi pastor, dijo:

—Gloria, aquí ya no hay nada más que hacer. Ya te puedes ir.

Y sí. Pensé que necesitaba firmar algo, que había trámites por hacer. No sé ni qué me imaginé.

Sí, el corazón de Erick había dejado de latir. Pero el corazón de Jesús jamás lo deja de hacer. Él estaba a mi lado y aunque en ese momento estaba pasando por algo espantoso, él me sostenía y me daba vida cuando yo no tenía fuerzas de nada, quizás ni ganas de acercarme a él. Aun así su precioso corazón seguía latiendo y yo podía estar segura que nunca me dejaría ni me abandonaría a pesar de no verlo en ese preciso momento.

¿CUÁL ES MI LUGAR?

Todos nos fuimos a casa de Vivi. Al llegar ahí no tenía paz. Paseaba de un lado al otro y no encontraba mi lugar. Quería salirme corriendo desde que entré. Me preguntaba: «¿Qué hago aquí? ¿Qué hago aquí?». Pero mi familia se había desvivido conmigo durante estos días tan terribles. No hallaban qué hacer por mí. Cómo hacerme sentir bien. Y no quería ser mal agradecida. Sin embargo, sabía que ahí no estaba mi lugar. Mi sobrino acababa de tener a su hijito; sin embargo, no tenía el ánimo ni para ver al niño. Sentía que me faltaba el aire. Sentía que tenía que gritar o irme corriendo y de pronto me paré y les dije a todos: «¡Me voy a casa!». Y me salí corriendo. Mi mamá salió conmigo.

—Gloria, no manejes sola, yo voy contigo.

Y Vivi gritó:

—Todos vamos.

Ella le había dicho a toda la gente que estaríamos en su casa. Así que, súbitamente, los planes se habían cambiado: en lugar de en la casa de ella, estaríamos en la mía.

Al entrar a mi casa sabía que ahí era a donde tenía que estar. Me arrojé a mi cama muerta de cansancio sin dejar de pensar:

Dios mío, ¿cómo voy a dormir sola? ¿Cómo voy a vivir sola? ¿Cómo voy a estar sola? Mis pensamientos fueron interrumpidos porque la gente comenzó a llegar. Los primeros en hacerlo fueron dos hombres que habían sido infieles con sus esposas. Yo pensaba: *¿Cómo es posible que mi esposo haya muerto habiendo sido un hombre fiel, que amaba y tenía temor de Dios, que seguía los mandamientos y estos hombres que han hecho tanto daño están aquí dándome el pésame como si nada. Sanos, enteros e hiriendo a sus familias, haciendo llorar a sus esposas e hijos.* Francamente ya quería que se fueran. Me parecía injusto. «¿Por qué Erick y no estos?». Se oye horrible, pero no voy a disfrazar sentimientos y pensamientos que cruzaron por mi mente en esos momentos. Vemos que algunos están bien, disfrutando de la vida como si nada y otros, que procuraron vivir una vida sirviendo al Señor, no haciéndole mal a nadie, sencillamente viviendo para otros, esos son los que se van. ¿Y estos? Como si nada. ¡Qué injusto! *¡Que ya se vayan!* pensaba. *¿Por qué tengo que estar aquí hablando con ellos? Ni les importa, solo están aquí por quedar bien.*

Creo que el luto trae todo tipo de sentimientos y a veces no son tan positivos. Este fue un buen ejemplo de ello. Después, pensé que mi esposo estaba listo para enfrentarse con su Creador y estos dos hombres todavía tenían la oportunidad de darle cuentas a Dios. *Está bien Dios, si es así, dales la oportunidad, pero que se vayan de aquí.*

En verdad estas personas sí estimaban a Erick y a mí sin tener nada que ver su estilo de vida. Pero yo trataba de encontrarle lógica, sentido a lo que acababa de vivir. Intentaba explicarlo en mi cabeza y simplemente no podía. Jamás fui de esas que se quejan con Dios. Cuando mis hijas murieron, aunque sufrí su pérdida hasta el día de hoy, siempre supe que Dios era bueno. Que él siempre tenía un plan mejor. Sabía que preguntar "por qué" era como ponerme a nivel de Dios así que jamás lo hice. Simplemente acepté lo que me tocó vivir no con resignación sino que aprendí a tener contentamiento. Pero, ¿y ahora? ¿Qué con esto? Cuando mis hijas murieron estaba con Erick pasando juntos por estas pérdidas. Y de pronto, me di cuenta de que estaba sola. ¿Cómo era posible? Acababa de reconciliarme con la idea de que Erick jamás me iba a cambiar ni yo a él. Acabábamos de estar en un tiempo de completa felicidad solos, sin preocupaciones y disfrutando el nido vacío. Nos sentíamos como cuando nos casamos ya maduros, ya sobreviviendo lo vivido. Me había propuesto en mi corazón hacer feliz a este hombre y ser feliz yo. Entonces ¿cómo era que ahora lo perdía?

Entendí precisamente que Dios sabía que Erick fallecería y que tendría que trabajar en mí para yo hacer lo que debía en este matrimonio. Y comprendí que había sido para este día. Dios había trabajado en mí y cambié algunos aspectos que no estaban bien. No quiero decir que no teníamos disgustos ni mucho menos, pero yo sabía perfectamente lo que me tocaba a mí cambiar y no había querido. Así que en medio de los por qués, entendí por qué Dios me había estado poniendo convicción en mi corazón de varias cosas, actitudes y situaciones que comenzaron a ser muy importantes. Era como si el Espíritu Santo me alumbrara en cada una de esas cosas que ahora veía claramente y hacía lo posible por cambiarlas. Más que cambiar yo, Erick había cambiado y para mí fue muy claro que estaba poniendo su vida en orden y sus cambios eran más evidentes que los míos. Dios sabía que todo esto lo vería precisamente en este día en el que Erick partiría con Dios habiendo terminado su carrera bien. Lo único que Erick quería era estar con el Señor y sí, eso era un gran consuelo.

Mi estado de ánimo era horrible. Era como estar ahí y no estar. Veía a todos y solo pensaba: *¿Cómo le voy a hacer? ¿Cómo voy a dormir sola? ¿Qué será de mí ahora? ¿Cómo se vive así?* Y estas preguntas iban y venían mientras la gente me abrazaba. Quería estar sola y al mismo tiempo me gustaba que mi familia estuviera ahí, como entretenidos con la gente en lo que yo me deslizaba a refugiarme a mi cuarto. Pero no fue por mucho tiempo porque mi mamá iba y me sacaba y quería que estuviera con la gente y no sola y deprimida. Creo que era su manera de distraerme para que no me perdiera en mis pensamientos de un futuro incierto. Obviamente era su forma de apoyarme, de sostenerme, de pensar lo que yo necesitaba. Preocupada por mí y por mi salud y como buena madre italiana, quería que comiera a cada cinco minutos. Yo no podía probar bocado.

Esa tarde ya se había reunido mucha gente, todos sentados en mi pequeña sala. Me acerqué a una amiga que sabía que cantaba acompañada de su guitarra y le pedí que por favor cantara algunas alabanzas. En cuanto comenzó, yo comencé a llorar. Alababa a Dios pero con una tristeza profunda. Siguió cantando como pudo y todos tratando de hacer lo mismo. De pronto dejó de cantar y comenzó a orar por mí: «Dios» clamó, «consuela a Gloria, especialmente en las noches, cuando se acueste en su cama y la sienta vacía». No recuerdo las palabras exactas pero se referían exactamente a lo que yo estaba pensando. Me salió un grito ahogado en llanto y tuve que pararme y correr a mi habitación. Ahora sí; abiertamente, ese era mi temor. Dormir sin él. El vacío de mi cama. Verme sola, sin su calor. Estaba yo en medio del llanto y de mis pensamientos tirada sobre mi cama cuando de pronto sentí que alguien me abrazaba. Era mi amiga que había corrido detrás de mí para acostarse a mi lado. Me abrazó. Fue algo bien raro. Primero pensé: *Y esta chava ¿qué onda se trae? ¿Qué hace? ¿Por qué está acostada en mi cama abrazándome?* No me soltaba. Al principio, yo me sentía muy incómoda pero después me solté llorando y su abrazo y sus oraciones hicieron algo muy especial en mí. Por alguna razón me sentí mejor. Como protegida, abrazada, como si Dios mismo estuviera ahí diciéndome: «Vas a estar bien». Claro que era Dios pues solo él sabía lo que yo estaba pensando. Solamente él podía llenar ese vacío que sentía y todavía no pasaba mi primera noche sola, sin Erick.

No recuerdo quién se quedó esa noche a dormir. Solo recuerdo que caí rendida pero varias veces por la noche me despertaba y veía la silueta de alguien en mi cama (claro, era alguien que se había quedado conmigo esa noche y los próximos tres meses). Sabiendo que no era la silueta de Erick, mis lágrimas rodaban porque sabía que jamás sentiría sus abrazos y jamás lo vería acostado a mi lado. Esa sensación era horrible. Pero no quería pensar en eso. Al menos en ese momento estaba acompañada de alguien, no de él, pero alguien ocupaba ahora ese lugar.

De nuevo, al día siguiente eran más y más llamadas al teléfono de casa, al celular de Erick y al mío. La gente no paraba de llegar; algunos traían comida y se iban, otros se quedaban un rato. Yo me sentía como un fantasma. Estaba muy agradecida por el amor que tanta gente me estaba mostrando. Las llamadas de todas partes del mundo eran incesantes. Ya no sabía ni qué decir. A veces pasaba el teléfono a mi familia porque ya no quería volver a repetir una y otra vez la misma historia que me hacía llorar. De momento, tomaba fuerzas y con mucho gusto platicaba de cabo a rabo cada detalle sin importarme. Eran amigos del alma, eran familiares, eran los ex jóvenes a los que Erick amaba con todo su corazón. Eran personas que habían dejado una huella indeleble en nuestros corazones y ahora su líder, su «yut pastor» (porque así le decían) se había ido. Estaban todos atónitos, no lo podían creer. Uno a uno, compañeros de ministerio, obreros, pastores, cantantes y gente que jamás imaginé, llamaban para lamentarse conmigo. Interminables fueron las expresiones de amor que recibí por Facebook, correos electrónicos y cartas. Pensaba: *Si Erick hubiera visto esto. Si Erick hubiera sabido cuánto amor le tenía toda esta gente. Si Erick se hubiera imaginado cuánto lo amaban habría vivido más contento, hubiera sido más feliz.* Yo misma estaba muy sorprendida, pues las llamadas siguieron por meses. Muchachos que de pronto me decían: «Tú no sabes las veces que Erick me aconsejó. Fue como un padre para mí. A nadie podía yo decirle las cosas que hablé con él». Erick jamás me mencionó sus consejerías con la gente. ¡Guao! Admiraba su carácter reservado, pero ahora lo admiraba mucho más porque realmente jamás fue indiscreto con los secretos de otros. Siendo yo su esposa jamás me dijo las cosas que otros le contaron en secreto. Erick fue discreto. Siempre guardó respetuoso silencio. Estas personas ahora me decían cuánto lo extrañaban y amaban por esas veces que Erick estuvo dispuesto a escucharlos y ayudarlos en los momentos difíciles de sus vidas.

25

EL MEMORIAL DE ERICK

Yo estaba nerviosísima. Era consciente que no se trataba de un funeral. Allí no había ningún cuerpo. Hablaríamos de Erick como a él le hubiera gustado, no de una forma triste, sino recordándolo con sus chistes, con sus puntadas, como todos lo recordaban. Con sus bromas cuando todos se reían menos él. Al llegar a la iglesia vi a cientos de personas allí reunidas, conocidos y desconocidos. No lo podía creer. Pensaba: *Si Erick pudiera ver esto*. No puedo mencionar a tanta gente que vi. Aquello era abrumador.

Pasaron vídeos de las diferentes etapas de la vida de Erick con fotos de cada parte. Habló la esposa de nuestros pastores en México, luego seis parejas que trabajaron con nosotros en el grupo de jóvenes de México, cada uno hablando del impacto que Erick hizo en sus vidas, las bromas que les jugó a unos y las palabras que les dio a otros. Lloraban como niños. Veía a hombres llorar a su amigo y yo con ellos. Después, los jóvenes de TNT, un grupo de jóvenes que habíamos comenzado y que apenas empezaba a levantarse.

Luego las personas de FedEx y para mi sorpresa se levantaron más de treinta y cinco personas. Pensé que todos hablarían, pero no, realmente estaban ahí porque recordaban a Erick por cosas que impactaron mi corazón. Por supuesto que fueron sus bromas, pero cuando su jefe se levantó a hablar dijo:

—Buenas noches, ¿cómo están?

Y siguió diciendo:

—¿Saben? Nuestro trabajo es arduo y de mucha prisa. Tenemos que apurarnos para correr y no tenemos mucho tiempo para saludarnos, pero Erick siempre llegaba a las seis de la mañana y nos decía: «Buenos días, ¿cómo están?». Eso lo aprendí de él, y eso mismo voy a hacer de ahora en adelante.

Bueno, yo me sentía tan orgullosa de él. Solo pensaba: *Dios dale la oportunidad de escuchar todo esto, de ver lo amado y admirado que fue, las cosas que la gente sí vio y que él jamás se dio cuenta.*

Pasó Ingrid su hermana con quien Erick llevaba una muy buena relación. Vivi mi hermana e inesperadamente mi mamá se pararon a dar unas palabras. Me encantó. Me gustó que mencionara algunas cosas que dejaron ver la relación que tenían. Por supuesto Rebeca dio sus palabras muy a su estilo.

Y ahora era mi turno a punto de descubrir mi corazón ante cientos de personas que repletaban aquel lugar. Sabía que mis lágrimas no me iban a permitir decir todo lo que sentía así que lo escribí y eso mismo leí:

HOMENAJE AL HOMBRE QUE AMÉ

Dejamos una botella pendiente para celebrar otro aniversario. No era cualquiera, eran los veinticinco años. Dejamos un viaje pendiente, que esperábamos tan felices para conocer juntos y disfrutar.

Dejamos de ver un episodio más del programa que nos gusta, que no era relevante, pero el estar viéndolo juntos era lo principal. Dejamos de hacer muchas cosas no porque no las haríamos después, sino porque teníamos el tiempo, el tiempo siempre delante de nosotros cumpliendo uno a uno nuestros sueños. Nos preguntábamos qué haríamos en cierto tiempo, dónde estaríamos, qué viviríamos y jamás pensamos que nuestro camino juntos estaba llegando a su fin.

La muerte siempre traerá culpa, hubieras, interrupciones y dolor. Pero tú sabías que con el amor con el que me amaste, yo sobreviviría a esto. No sé por qué pensaste que para mí sería fácil. Extraño tu cuerpo, tus besos y sí, Erick, tus canciones, y a mi viejo que me amaba, acariciaba y fastidiaba todas las noches. No hay nadie como tú que llenará este vacío. ¿Quién llenará esto tan incomprensible? Por favor dile a Dios que mitigue mi dolor y me abrace en las noches. Dile a Dios que recoja todas mis lágrimas y te enseñe lo mucho que te extraño. Dile a Dios que esto pase pronto y llene mi corazón con un ungüento mentolado porque me arde todo por dentro. Dile a Dios que me susurre al oído que sí supiste que te amé y que te extraño y que te quiero a mi lado y nada ocupa tu lugar. Sé que él me irá guiando paso a paso hacia toda la provisión por la cuál tanto trabajaste y tanto te esforzaste para dejarme protegida. La cascada de amor que hemos recibido es interminable, pero nada se compara con estar a tu lado. Quién me hubiera dicho que nuestro camino se terminaría aquí, en este día 31 de mayo de 2009. A tus cincuenta y dos años, mi hombre fuerte, mi hombre trabajador. Mi hombre fiel, mi hombre hambriento. No eras tan ruidoso, no eras temperamental, pero el silencio que dejaste es de completo terror. Te quiero besar, quiero que me beses como todas las noches. Quiero ver la tele contigo, nuestro programa favorito y luego a dormir. Quiero que cuando amanezca estés tú ahí y no mucha gente que en el consuelo se cambian y se recuestan en lo que es tu lugar. ¿Cómo pensaste que yo sí podría soportar esto? No puedo. Vives en tanta gente que tendría que traérmelos a todos para que los cachitos que dejaste en ellos apenas y rocen un poco de todo lo que tú eres para mí ¿Y ahora qué? Y ¿ahora esto cómo se come? ¿Cómo se apaga este dolor?

Amé a un hombre que sobrepasó las más terribles adversidades desde su niñez.

Amé a un hombre que realizó su sueño de ser piloto y controlador de tránsito a una muy corta edad.

Amé a un hombre que fue fiel a Dios, a su mujer, a su familia, a su trabajo y al ministerio.

Amé a un hombre con el cual pasé las pruebas más horribles en la vida entregando a Dios primero a una hija, luego vino la otra.

Amé a un hombre que escogió a la hija que habitaría en nuestro hogar, amándola muy a su manera.

Amé a un hombre que descubrió en los jóvenes verdadera amistad y la libertad para jugar, bromear y decir chistes sintiéndose aceptado por ello.

Amé a un hombre que tenía muchas fallas, a veces era raro, a veces depresivo pero a final de cuentas con una broma y un chiste trataba de resolverlo todo.

Amé a un hombre que sabía amar así, si no bromeaba no te amaba. Si no te imitaba no te admiraba.

Amé a un hombre que me cantaba. Si me enojaba con él: «Reconozco, Señor, que soy culpable». Si quería hacer el amor: «Te voy a dar... Todo mi amor...». Si tenía que irme de viaje: «Te vas, no te puedo detener». Cantaba en la regadera coros antiguos que yo me aprendí de tanto escucharlos. El favorito durante la enjabonada era: Jesús es mi Rey Soberano.

Amé a un hombre que al final de sus días se sentía feliz con su relación con Dios. Y me decía: «Me voy con él, me voy con él; Yo no me quedo». Cuando escuchaba tantas doctrinas o diferencias en la

*fe solamente me decía: «Amo tanto mi relación con
Dios, para qué tanta complicación».*

Amé a un hombre que estaba feliz, porque ala-
bábamos juntos como familia, de un tiempo a acá
nos dio por abrazarnos y juntos adorábamos al
Señor. Él amaba eso. Era feliz porque su trabajo
me proporcionaba seguridad económica aunque su
anhelo era volver a servir al Señor tiempo completo, mientras decía que le había tocado bailar con la
más «FedEx». Aun así, lo hizo con integridad y leal-
tad. No se daba cuenta de que seguía sirviendo al
Señor ahí mismo, quizás no detrás de un podium,
pero detrás de un camión y paquetes.

Era un hombre fácil de complacer y muy sencillo
de corazón. Su mundo era Dios, yo y lo que le coci-
nara. Ese era el momento más feliz del día, poder
sentarse después de un arduo día de trabajo y comer
su comida favorita. Me encantaba complacerlo así.

Amé a un hombre que le pidió a Dios siempre
morir antes que yo porque jamás soportaría el dolor
de perderme. ¿Cómo pensó este hombre que yo sí lo
podía soportar?

Amé a un hombre que siempre creyó en mí. Me
animó, me ayudó, me impulsó a hacer muchas cosas
que hago hoy por su inspiración y decía: «Ella hace
lo que hace porque la apoya Dios y su viejo».

Amé a un hombre que amó a mi familia, especialmente a mi mamá, sin duda ella fue para él una gran
consejera, la admiró, la respetó y la amó de verdad.

Extraño a este hombre que, como dice mi pastor, nos hacía reír con sus chistes tontos. Si estuviera
aquí estaría diciendo: «Bienvenidos al SE PELO (en
lugar de Sepelio)».

Erick se sentaba a grabar la Palabra de Dios
para escucharla en el carro, en el teléfono, al dormirse. Revisando su iPhone vi que había grabado
ahí también la Palabra y lo primero que escuché

fue: PARA MI EL VIVIR ES CRISTO Y EL MORIR GANANCIA.

Erick quería estar en la presencia de Dios. No quiso sufrir dolor, no quería quedar sin sus facultades mentales y siempre anheló y prefirió estar con él.

Mi amor, sé quién es Dios. Sé que el Señor llenará mi corazón no con comprensión y entendimiento de esto que es para mí una tragedia, sino de contentamiento y paz. No quiero ser la sobreviviente, quiero llegar a ser la más que vencedora y seguirle dando gloria a Dios en todo, a pesar de tu partida. Me hubieras ubicado rapidito diciéndome que no se trata de nadie sino de darle gloria a Dios.

Amaste casar a la gente, ese era tu mero mole, pues sabías que terminaríamos en las Bodas del Cordero. Renovamos nuestros votos, en una ceremonia realizada por ti. Fue emocionante, esperaba hacerlo en diciembre pero fue en abril. Hoy se cumple un anhelo tuyo, el estar con tu Cristo y tu Señor, como tanto nos dijiste, en esa relación de noviazgo diciendo: «Si, Señor, te acepto, eres mi amado y quiero entrar a una relación contigo». Hoy eres parte de ese cortejo de boda que tanto anhelaste y predicaste. Bienvenido a casa, mi amor, bienvenido al lugar de reposo. Que Dios te permita reconocer a nuestras chiquitas y puedas gozar todo lo que Dios preparó para ti y que tanto te imaginabas. Mientras, seguiré recordando tus chistes y tus cantos, hoy aplicaría aquel que dice: «Allá en el cielo allá en el cielo allá en el cielo, no habrá más llanto no más tristeza ni más dolor».

Y luego mencioné que cuando doné algunas partes del cuerpo de Erick, me hicieron llegar algunos papeles de agradecimiento y entre ellos venía este pensamiento y no había mejor manera de cerrar que diciendo estas palabras:

No me digas que entiendes
No me digas que sabes
No me digas que sobreviviré
Y que seguramente creceré
No vengas a mí con respuestas
Eso solo puede venir de mí y de Dios
No me digas cómo pasará el luto
Que pronto libre seré
Acepta mis altas y bajas
Necesito a alguien con quien compartir
Solamente abrázame y déjame llorar
Y dime: MI AMIGA, ESTOY AQUÍ.

Y con esto, llena de llanto, me bajé del escenario y para mi sorpresa todo el mundo me aplaudió. Después pasaron un vídeo de fotos de Erick como recolectando toda su vida. Yo lloraba como loca. Ahí sí no aguanté más. Mi mamá me abrazaba y esa parte sí fue muy dura para mí.

Al terminar el memorial, la gente se agolpó para abrazarme y fue imposible saludar a tantos. Pero ahí me di cuenta de quiénes habían ido.

En Estados Unidos es costumbre que después de un funeral o un memorial así, la gente se va a la casa de esa persona y comen. Pensé que esta costumbre era rara y no tan buena, pero realmente sí es algo muy bonito. Mi hermana había organizado una gran cena en su casa con la gente que había venido de fuera. Eran como cincuenta personas las que estaban ahí. Fue hermoso porque fue un tiempo íntimo. Yo estaba abrumada, triste, pero al mismo tiempo muy consolada, y sorprendida del amor de tantos. Muy confortada por los abrazos y las palabras de muchos. Muy conmovida por las caras de interrogación de algunos que aún no lo podían creer.

26

SOY VIUDA

No podía soportar la palabra «viuda». Era como un insulto para mí. Mi identidad era: Erick y Gloria. Ahora me sentía que era la mitad. Instantáneamente sentí que sería rechazada por mis amigos que tienen matrimonios. Comencé a descalificarme porque ya no sería igual y no podía ser parte de mi grupo normal de amigos. Tenía mentalidad de casada y ya no lo estaba. Fue un choque entre mi realidad y mi subconsciente. ¿Cuándo había sido soltera por última vez? Hacía veinticinco años. Sentía que me había regresado a esa edad, peor aun, sentía que era como una adolescente inexperta que no sabía hacer absolutamente nada. Me sentía enojada con todo y con todos. Sentía que nadie entendía lo que estaba sintiendo. Había perdido a mis hijas y ahora al compañero de mi vida. Mi hija Rebeca no podía vivir conmigo, lo había pensado pero rápidamente Dios me mostró que esa no era la opción, que ella estaba mejor en su casa y yo en la mía. ¿Vivir sola? Yo no planeé mi vida para vivir sola. Me sentía totalmente abandonada y despreciada. Cuando a Dios jamás le había preguntado el por qué de mis hijas ahora sí le preguntaba el por qué de esto. ¿Por qué mi esposo? ¿Por qué a mí? ¿Por qué estaba pasando por esto? ¿Qué onda, Dios? ¿Me quito mi anillo de casada? ¡Jamás! Pero ya no lo soy. No me sentía parte ni del grupo de solteras ni del de casadas. No sabía cuál era mi lugar.

La gente me decía que ahora le serviría a Dios maravillosamente. Ya no sabía si creer o no creer en Dios. ¡Sacrilegio! Pero después de tres muertes, en verdad dudaba: «¿Existirá todo esto que estamos predicando?». Y me sentía vacía, sin respuesta alguna. Todo era silencio. Sentía que le hablaba al vacío.

Cuando por fin me quedé sola, pensé que me iba a volver loca. Pero no fue así. Simplemente era enfrentarlo. Llegaba y veía el coche de mi esposo en la cochera. Me metía en él y comenzaba a pensar en su último día en esta tierra. ¿Qué estaría pensando? Todavía tenía su olor. Y lloraba invariablemente cada vez que llegaba a mi casa. Llegaba a una casa sola, a donde nadie me esperaba. ¿Con quién hablaba? Sí, la gente te dice: «Háblame cuando quieras». Pero no me refiero a eso, esta persona era con quien tú podías ser tú, sin temores, sin rollos, sin ningún problema de andar explicando quién es quién. Me hacía falta mi compañero. No le podía decir cómo me había ido en mi día. A quién había visto. Si me iba de viaje, no le podía decir con quién había platicado o lo que me habían dicho. Nada, todo era un horrible silencio al llegar a mi casa. Me iba de una habitación y luego a otra pensando cuál sería mi lugar. Me cambié de lugar en mi cama. Y un día desesperada después de días de estarme metiendo a ese coche, le pedía al esposo de Vivi que me ayudara a vender mis carros para comprar uno nuevo porque ya no soportaba llegar a mi casa y ver el auto de Erick.

Una amiga me dio la idea de hacer cambios en mi habitación. No pensé que fuera necesario. Pensaba que no me afectaba. Aun así le pedí a mi sobrina que en mi siguiente viaje intentara hacer algunos cambios. Cuando regresé y vi esos cambios sentí como si un peso se me hubiera quitado. Fue impresionante. Era una frescura, era mi habitación, no la de

Erick y Gloria. Y así comencé a hacer cambios en toda mi casa hasta convertirla en la mía.

La ropa de Erick fue lo primero que saqué porque yo sabía que no iba a poder soportar verla en mi closet. Primero la puse toda en cajas en la cochera, pero al poco tiempo y pensando en las personas que se podían beneficiar de aquella ropa y sin desear ver a nadie conocido con ella, les di decenas de cajas a unos pastores que vivían en Tijuana. Una amiga que apoya a estos pastores me ayudó y ellos recibieron trajes y camisas y sweateres y cosas que eran especiales para mí, pero pienso que a mejores personas no hubiera podido dárselas. Cada uno de ellos prometió orar por mí, así que fue maravilloso saber que se hizo un bien. Las cosas pueden pasar a ser idolatradas cuando las dejamos por mucho tiempo tomando un lugar de importancia. La esencia de la persona es algo muy diferente, no son las cosas lo que la definen, son los recuerdos que llevamos en el corazón y si bien existen momentos y recuerdos que nos harán llorar y reír, para qué echarle limón a la herida teniendo cosas que para uno sí tienen un significado, pero que nos hieren. Es como guardar la última camiseta que se puso el día que lo llevé al hospital. La recuerdo perfecto. Pero para qué voy a sufrir teniéndola. Quiero acordarme de toda su vida, no de su final.

Por meses, lo único que recordaba era el final. Me pasaba una y otra vez las escenas del hospital, los últimos tres días de la vida de mi esposo. No podía salir de ahí. Y me daba coraje porque lloraba desconsoladamente mientras seguía batallando con mi identidad. ¿Quién soy ahora? ¿Qué soy ahora?

Mientras me preguntaba esto, un día iba llorosa caminando, hablándole al aire porque no sentía que le hablaba a Dios. Y dije:

—Ahora quién me abrazará? ¿Quién me va a amar en esa forma? —No soy de los que dicen que escuchan la voz de Dios, pero en esa ocasión me pareció oír, con claridad, un «voltea». Y al hacerlo, miré el cielo, en donde había una nube en forma de corazón. No lo podía creer. Volteé a ver si alguien

estaba ahí para ver lo que yo estaba viendo y fue impresionante. Fue como un pacto entre Dios y yo. Era como si él me
estuviera diciendo: «Soy yo el que te amó, te ama y te seguirá
amando». Y me sentí profundamente rodeada de amor. Esa
nube rápidamente se desvaneció, pero para mí fue una señal
de que a pesar de mis dudas y mi incredulidad Dios no estaba
enojado, que sí me escuchaba y estaba mitigando mi dolor,
tomara el tiempo que tomara.

27

MI IDENTIDAD

Cuando uno se queda sola de sopetón como fue mi caso puede que no se dé cuenta cuán dependiente se ha vuelto de la otra persona. Toda mi vida giraba alrededor de Erick y no era malo, sencillamente que ahora no sabía qué sería de mi vida. De nuevo soltera. ¿Qué es eso? Una amiga me invitó a cenar con su grupo de amigos. Al llegar al lugar vi a un grupo de personas cenando, cantando, platicando. Eran hombres y mujeres pasando un buen tiempo. Yo me paralicé por completo. ¿Qué hago aquí? No me sentía a gusto. Sentía como que estaba haciendo algo malo, que en rigor no lo era. No se trataba de salir con nadie, no se trataba de una cita, simplemente de conocer a otras personas. Salí de ahí lo más rápido que pude y me fui llorando a mi casa todo el camino, pues me golpeó la realidad de mi situación actual. Tendría que aprender a vivir otra cosa. No era malo, era diferente.

¿Qué pasaría con mi ministerio? Ahora soy una mujer sola. ¿Me seguirán invitando a compartir? Mi marido había sido una cobertura fuerte para mí. Claro, estaba Dios y como dicen las Escrituras, un mundo de testigos, hombres y mujeres de Dios que atestiguan de mi vida, pero mi esposo y yo por años habíamos estado en el ministerio sirviendo a Dios, compartiendo de su Palabra, asistiendo a eventos. Aunque yo fuera sola, sabía que él no solo me apoyaba en oración, sino que estaría ahí para sostenerme para cualquier cosa que se me pudiera ofrecer. ¿Cómo sería ahora? Me sentía derrotada, descalificada. No podía ver mi propio valor porque me sentía a la mitad.

Me sentía inútil con mis finanzas, con aspectos de mi casa. Todo se me descomponía y me ahogaba en un vaso de agua pensando qué haría, cómo le voy a hacer, todos me van a ver la cara. Sentía pánico que la gente supiera que vivía sola. Me sentía vulnerable y como un blanco. No podía expresar mis temores porque si lo hacía me sentía débil y tampoco quería que la gente me tuviera lástima. Era un remolino de sentimientos espantoso. Erick y yo de por sí teníamos una relación simbiótica, estábamos demasiado juntos todo el tiempo. Así que era aun más difícil para mí verme sin él. Cuando por fin decidí viajar a mi primer evento, lloré todo el camino de regreso porque sabía que me esperaba una casa fría y sola. Muchas veces me había quejado de la casa tirada y Erick probablemente con carota porque no había estado yo en algunos días. Pero ahora la de la carota era yo. Una y otra vez mi historia se repetía. La salida era toda una odisea. Tenía que pensar en mil cosas. No se me podía olvidar nada porque no habría quién me abriera la puerta a mi regreso. No habría quién apagara alguna cosa si se me olvidaba. No habría quién me avisara de algún pendiente así que tenía que pensar en cosas que antes ni se me ocurrían. Y el regreso, siempre doloroso.

Tenía que descubrir quién era yo ahora. Qué me gustaba ahora que tenía ya no veinticinco años sino cincuenta y uno. Tuve que ver lo que realmente me gustaba y lo que no. Tuve que organizar mi vida en una forma que fuera práctica y tomar el control de ella. Dios fue mostrándome paso a paso con amor y paciencia, con gente que me amaba que no estaba nada sola. De pronto venía alguien para ayudarme a hacer algo en mi casa. De repente, una amiga me ayudaba recomendándome a una contadora maravillosa. Dios me mandaba personas que yo necesitaba para poner mi vida en orden, mi orden. Al principio quería hacer todo como Erick lo hacía, pero ya no me fue posible. Tenía que comenzar a hacer las cosas por mí misma y a cometer mis propios errores y aprender detalles que me daban flojera. Tenía que ponerme «ducha» con precios, no dejarme abusar y dejar de verme como si fuera discapacitada. Sí, había perdido a una parte de mí y me dolía, pero tenía que seguir viviendo, lo había hecho cuando perdí a mis hijas y ahora no iba a dejar de hacerlo. De alguna manera, necesitaba conocer para dónde ir sin saber que me tomaría tiempo, prueba y error.

Sé y de sobra que el mundo no se compone de parejas con hijos. Pero cuando uno pasa por una pérdida, eso es lo que ve, uno se enfoca en lo que no se tiene y en mí había un conflicto constante, un enojo repetitivo por lo mismo. No me hallaba y era parte del proceso.

Eran mis ideas, para nada eran las de Dios. Yo sabía que él me había capacitado para hacer muchas cosas pero estaba peleada con el estilo de vida que ahora me había tocado vivir. Siempre quise una familia grande, no la había tenido y ahora sin esposo, menos. Entonces me rebelaba porque no entendía cuál sería ahora mi gran futuro.

Fue muy difícil. Los días eran vacíos y sin propósito y mi familia intentaba mantenerme ocupada. Me llevaban al bebé de mi sobrino, pues les decía el terapeuta que me hicieran sonreír. Mi sobrina comenzó a hacer planes para casarse y eso fue algo hermoso, ayudarla en sus planes y verla cumplir al fin un sueño maravilloso. Lo disfrutaba, pero inevitablemente en mi interior pensaba, egoístamente, *¿Y yo qué Señor? Esto es mi vida. Qué injusto.*

Después de las muchas quejas de mi parte, el contentamiento en mi vida iba entrando poco a poco. No era resignación ni conformismo, era sentirme satisfecha con mi situación. Comencé a encontrar felicidad en algunas cosas que sí tenía y dejar de ver lo que no tenía. Al fin era un paso hacia adelante. Tendemos a ver aquellas personas o posesiones que no tenemos, pensando que somos los más infelices de esta tierra por no tener eso que todos los demás sí tienen. Sin embargo, no es así, pero si seguimos comparándonos con lo que no tenemos, siempre saldremos perdiendo. Por más difícil que fuera, tenía que ver lo que sí tenía. Tenía libertad, aunque en ese momento no podía disfrutarla del todo; es decir, podía salir y entrar a la hora que quisiera sin temor a que alguien se enojara conmigo. Era poco, pero al menos eso después llegó a ser lo que me ayudó impresionantemente a servir al Señor con libertad y pasión.

Era como despertar de un mal sueño todos los días. Sin embargo, una paz me rodeaba al acostarme y al despertarme. Había predicado mil veces de lo que era hacer a Jesús tu esposo, pero sin duda ahora lo estaba viviendo en carne propia. De alguna manera, lo estaba sintiendo todos los días. Él me mostraba que el Señor estaba conmigo, que no me soltaba. Había cancelado algunas invitaciones que tenía para compartir y después comencé a aceptarlas. Lloraba invariablemente al decir de la partida de mi esposo y me sentía como una tonta porque no sabía cómo terminar mi predicación. ¿Cómo dar esperanza si todos mis lutos ahora se habían juntado? ¿Qué decir si ni yo misma sabía qué seguía con mi vida? Sí, seguía adelante y por más que sabía muy dentro que todavía era demasiado pronto para sentirme del todo bien, no entendía si había algún propósito para mí. Comencé a pensar que a lo mejor ya no tenía que compartir la Palabra. Sin embargo, me seguían invitando y para mí eso siempre era una muestra de que Dios así lo quería. Y una y otra vez me sentía como un testimonio de derrota, como si diciendo: «¿Y ahora qué? No sé qué va a ser de mi vida, pero sin duda Dios me lo mostrará».

Los pensamientos de aquellos últimos tres días de la vida de mi esposo en el hospital se repetían en mi mente como disco rayado. Por experiencias pasadas sabía que las memorias bonitas llegarían pero todo esto estaba tardando más de lo que me imaginaba, quería correr pero seguía en la sala de recuperación.

EPÍLOGO

VIVIR CON PROPÓSITO

La organización que fundamos junto con mi hermana y unas amigas ha ido creciendo y hago realmente lo que quiero hacer porque estoy encargada del área de los jóvenes. Los chavos que son todavía mi pasión. Nuestra organización llamada: Amigas Punto Com y cuyo lema es: Una amiga en Tiempos de Necesidad puede ayudar a gente que pasa por situaciones que ahora estaba pasando yo. Jamás imaginé estar ayudando a viudas. Qué raro, pero para estas alturas ya me veía no como una mujer dependiente de algún hombre, sino dependiente de Dios e intradependiente con otras personas. ¿Estaba ya sintiéndome a gusto con mi situación?

Ya me gustaba estar sola en mi casa. Disfrutaba mucho estar ahí. Me sentía completa. Si se me antojaba algo, por más tarde que fuera, tenía la libertad de ir al supermercado, o si se me antojaba ver alguna película sencillamente iba. No me sentía mal. No era nada raro ni nada que me hiciera sentir triste. Si alguien no quería ir conmigo no había problema, lo hacía yo.

Encontré que el ejercicio era algo maravilloso. Me sentí con vida, con energía, bien conmigo misma y mi fuerza espiritual fue aumentando cada día más. Ahí encontré a un equipo de personas que como yo disfrutamos mucho del ejercicio y salimos de vez en cuando y nos hemos hecho muy buenas amigas. Quién diría que sin esfuerzo Dios llenaría mi vida con diferentes equipos de personas idóneas para mi vida. Hoy tengo no uno, sino varios grupos de amigos con quienes puedo disfrutar muchas cosas en común sintiéndome genuinamente yo misma.

Extraño a Erick cada día que pasa. Añoro que me espere en casa para platicarle cómo me fue en algún viaje o con quién me encontré. Extraño sus bromas y sus puntadas. Echo de menos sus oraciones y su cobertura. Extraño sus palabras, sus abrazos y su amor. No extraño los momentos de broncas que tuvimos, pues sí los tuvimos y también eso lo recuerdo. Pero he aprendido a vivir sin él. He aprendido a vivir contenta sin él a pesar de su pérdida. He aprendido día con día a alegrarme de las cosas pequeñas y grandes que Dios hace por mí. Sobre todo, he aprendido a estar agradecida con mi Dios. Él es bueno. Él me ha sostenido y si bien tiene los días de cada uno de nosotros contados y no nos gusta cuando ni cómo sucede la muerte, para allá vamos todos. Sin embargo, los que nos quedamos descubrimos que tenemos la oportunidad de seguir adelante dejando un legado, una huella, un propósito para que nuestra vida en la tierra valga la pena.

La muerte es tajante, la muerte trae culpa, pues piensas que pudiste haber hecho o dicho algo más de lo que hiciste o dijiste, pero el hubiera no existe y Dios no te permitió ni hacer ni decir nada que no se hizo. Pero es increíble cómo uno puede sobrevivir las pérdidas y seguir adelante porque Cristo nos vino a dar vida y vida en abundancia. Jesús quiere que así vivamos la vida. Erick tuvo una esposa alegre, mis hijas tuvieron a una madre alegre y yo no me enterraré en una tumba a pesar de las muertes que he sufrido. Viviré mi vida como Cristo desea, porque él murió para darme vida y en abundancia y el resto de mi familia merece que yo viva así y mi hija Rebeca merece la mamá que tuvieron mis otras hijas y todas las personas que me rodean. La sociedad misma merece que yo esté bien y sana para aportar a este mundo algo sano y no alguien amargado y en luto constante. Me rehúso a vivir un luto eterno.

El tiempo no lo sana todo. Lo que uno hace durante ese lapso es lo que produce la sanidad y las tragedias se tienen que convertir en algo productivo. Mientras uno no sienta esa libertad, no puede acelerar su proceso; sin embargo, debes irte sintiendo cada vez mejor. Hasta que llegue el día en el que sencillamente comienzas a hacer tu vida, sí, quizás muy diferente a como la tenías antes, pero no quiere decir que sea peor, simplemente diferente.

En una ocasión tuve un problema con un oído así que fui al doctor. Me hicieron un estudio para descartar que tuviera un tumor. El doctor me dijo: «Señora, no tiene un tumor en el oído, lo tiene en la cabeza». Yo dije: «Excelente, ahora sí cerramos el cuadro de Job». Mi perrita, que acababa de dar a luz ocho perritos, había fallecido porque no aguantó el parto, y ahora a mí ¡me diagnostican un tumor! Me sentí devastada. Si no lo operábamos pronto este tipo de tumor crece y un día podía amanecer sin ver. Así que hice los planes para operarme. Después de ver a decenas de médicos, hacerme cientos de estudios y demás preparaciones, se llegó el día de la operación. Entrarían por la nariz, harían un hoyo hacia el cráneo, operarían el tumor y cerrarían el hoyo. Todo salió perfectamente bien. Los médicos eran unas eminencias. A los tres días me quitaron los tapones de la nariz y cuando lo hicieron comencé a gritar como loca del dolor de cabeza que me invadió. Sentí que me salía agua, no sabía lo que pasaba pero gritaba como loca. Gritos, gente corriendo, enfermeras inyectándome y mi mamá comenzó a orar en lenguas, a voz en cuello. Yo pensaba: *Dios mío, esto sintió Erick cuando le dolía la cabeza, pero yo no tengo un aneurisma, así que yo no me voy a morir, ¡yo no me voy a morir!* Y comencé a orar lo único que se me ocurrió: «¡Señor, ayúdame!». En ese momento sentí que unos brazos enormes me cubrían y una voz que me decía: «Esto lo vamos a pasar». En ese momento sentí mucha paz. No se me quitaba el dolor y el líquido aquel seguía fluyendo. Ahora sé que se me salió todo el líquido encéfalo raquídeo. Me tuvieron que operar otra vez. Tuve que regresar al hospital tres veces más. Estuve hospitalizada quince días con fuertes dolores y después de que por fin me pude ir a casa pasé dos meses durmiendo casi sentada. La recuperación fue sumamente lenta. Pero al final de cuentas LO PASAMOS.

Me explicaron que me pude haber muerto. El empaque se abrió por una milésima de espacio y cuando esto sucede puede haber una embolia, meningitis u otros desenlaces fatales. ¡Pero el Señor no me soltó jamás! Mi esposo, mi precioso Jesús, tenía todavía planes para mi.

Si relato esta experiencia es simplemente porque no somos inmunes a seguir pasando por situaciones adversas; sin embargo, creo fervientemente que Dios es bueno y que gracias a él mi vida tiene un propósito y mis circunstancias no impiden que llegue a cumplir ese propósito en esta vida. Si Dios me libró de la muerte en esa ocasión es porque todavía tiene cosas para mi vida, así que le agradezco tanto que me haya mostrado su misericordia y su amor tan grandes para seguirle sirviendo y entender que lo que pasamos en esta vida puede ser difícil pero al pasarlo nos hacemos más fuertes. A veces son solo distractores para quejarnos y no seguir adelante. Nos atoramos en los «por qués» de la vida cuando es claro que la meta está por delante y muy por arriba de lo que en esos momentos nos entretiene con quejas y quebrantos.

En este mundo tendremos aflicción, pero tenemos que confiar que él ha vencido al mundo. Vamos a pasar por incomodidades y eventos que no comprendemos; sin embargo, Dios tiene nuestras vidas en sus manos y existen razones para pasar por cosas así. Nos conocemos más a nosotros mismos en medio de cosas difíciles. Conocemos más a Dios. Y al final, somos mejores, más compasivos, más sensibles, tenemos más empatía y definitivamente crecemos espiritualmente mucho más, pues, lo queramos o no, estamos mucho más cerca de Dios porque es cuando más lo necesitamos.

Yo te animo a que permanezcas fiel a Dios a pesar de tus circunstancias adversas y que en ellas confíes plenamente en él. A que seas edificado a pesar de las penas o pérdidas que puedas estar pasando. Un día amanece y ves todo diferente y comienzas a hacer cosas que jamás imaginaste. La tragedia se convierte en algo productivo y puedes ver en otros el fruto de algo que quizás se intentó para tu mal producir un bien. El contentamiento se aprende. Pablo decía que había aprendido a vivir con y sin. Yo he aprendido a vivir con mis hijas y esposo y ahora estoy aprendiendo a vivir sin ellos, pero también aprendiendo a vivir con el más grande de los esposos que me trata como a toda una princesa. Dios es suficiente para cada uno de nosotros y el contentamiento trae satisfacción. La satisfacción es estar reconciliado y muchas veces en estos momentos de dolor y tristeza con quien más nos enojamos es con Dios, cuando es quien nos abraza y nos hace ver que todavía existen un futuro y una esperanza. Reconcíliate con Dios si estás enojado con él. No vale la pena tanto enojo. Vale la pena sonreírle a la vida que mientras la tengamos tenemos que salir adelante, levantarnos, sacudirnos el polvo y sonreír al porvenir como la mujer de Proverbios porque estamos vivos y porque vale la pena seguir viviendo.

Estoy feliz como estoy. No necesito a un hombre para serlo. No me cierro a la posibilidad de rehacer mi vida; sin embargo, no es una meta. No estoy sola, estoy con el mejor esposo que se puede tener y con una libertad inmensa de ser quién él me creó para ser alguien muy efectivo para su servicio y solamente para su gloria. La vida no se trata de lo que pasamos o sentimos o nos duele; la vida se trata de él y si nos concentramos en Dios y buscamos primeramente lo que él quiere de nosotros, todo lo demás será una añadidura.

Y yo: ¡¡¡EXPECTANTE!!!

Nos agradaría recibir noticias suyas.
Por favor, envíe sus comentarios sobre este libro
a la dirección que aparece a continuación.
Muchas gracias.

Vida@zondervan.com
www.editorialvida.com